Die Häuser der Großen aus Kunst und Wissenschaft haben zu allen Zeiten auf deren Verehrer eine magische Anziehungskraft ausgeübt. Dieser Faszination wird das Wien-Buch von Dietmar Grieser auf besondere Weise gerecht. »Es beschäftigt sich mit Schriftstellern, Musikern, Architekten und Gelehrten, die in dieser Stadt wirkten oder vorübergehend abgestiegen sind, beschreibt, wo und wie sie hausten und was aus ihrer Behausung in der Zwischenzeit geworden ist«, so Ulrich Weinzierl in der FAZ zur Erstveröffentlichung des Buches im Niederösterreichischen Pressehaus.

Die Spuren der Vergangenheit lassen sich in der Gegenwart nachvollziehen. Grieser hat 40 Namen und 40 Adressen ausgewählt aus den Bereichen der Inneren Stadt, zwischen Ringstraße und Gürtel und den Außenbezirken. Wienbesucher wie auch Ortsansässige können anhand dieses Führers, der neben zahlreichen Abbildungen auch drei Straßenpläne im Ausschnitt enthält, etwa das bevorzugte Beisel von Heimito von Doderer entdecken oder bei der Zimmerwahl im Graben-Hotel auf der Nummer 51 bestehen, wo einst Peter Altenberg logierte. Griesers Portrait-Galerie steckt voller Überraschungen. Sie kann bereits verloren Geglaubtes wieder in Erinnerung rufen und dem Gegenwärtigen die Bedeutung einräumen, die ihm zukommt.

insel taschenbuch 1203

Dietmar Grieser

Wiener Adressen

WIENER ADRESSEN

Ein kulturhistorischer Wegweiser mit Straßenplänen und Fotos von Dietmar Grieser

Insel Verlag

insel taschenbuch 1203
Erste Auflage 1989
Insel Verlag Frankfurt am Main

Hinweise zu dieser Ausgabe am Schluß des Bandes
Vertrieb durch den Suhrkamp Taschenbuch Verlag
Umschlag nach Entwürfen von Willy Fleckhaus
Satz: MZ-Verlagsdruckerei GmbH, Memmingen
Druck: Nomos Verlagsgesellschaft, Baden-Baden
Printed in Germany

1 2 3 4 5 6 – 94 93 92 91 90 89

INHALT

Innere Stadt

OTTILIE VON GOETHE · I. BEZIRK, MÖLKER BASTEI 10
Das »Herzenszimmer« 15
ALFRED REDL · I., HERRENGASSE 19
Der Gast von Nummer 1 20
JOSEPH VON EICHENDORFF · I., HERRENGASSE 5
Ungewöhnliche Menagerie 25
PETER ALTENBERG · I., DOROTHEERGASSE 3
Galerie der Schönheit 29
FRITZ WOTRUBA · I., SEILERGASSE 4
Mittagstisch bei Marian 35
ADOLF LOOS · I., BÖSENDORFERSTRASSE 3
Antworten auf Fragen aus dem Publikum 39
FRÈRES LUMIÈRE · I., KÄRNTNERSTRASSE 45
Das Urkino 43
FRANZ GRILLPARZER · I., JOHANNESGASSE 6
Poetische Amtsstunden 48
ADALBERT STIFTER · I., SEITENSTETTENGASSE 2
»Als hätte Gott gesprochen ...« 52
REINHOLD SCHNEIDER · I., STUBENRING 24
Der frühe Gast 56

Zwischen Ringstraße und Gürtel

JOSEF WEINHEBER · III., HETZGASSE 2
Dichter im Büro 63
LUDWIG WITTGENSTEIN · III., KUNDMANNGASSE 19
Hausgewordene Logik 68

INGEBORG BACHMANN · III., UNGARGASSE 9 ·
Bürgerinitiative mit »Malina« 74
ANTON BRUCKNER · III., OBERES BELVEDERE
Kaiserliches Ehrenlogis 78
HANS MAKART · IV., GUSSHAUSSTRASSE 25
Lebende Bilder 83
ALBERT LORTZING · IV., FLEISCHMANNGASSE 1
Beim Milchmeyer 87
FRANZ SCHUBERT · IV., KETTENBRÜCKENGASSE 6
Der Trockenwohner 92
FRITZ VON HERZMANOVSKY-ORLANDO
V., WEHRGASSE 22
Tarockanische Architektur 96
GUSTAV MEYRINK · VI., MARIAHILFER STRASSE 81
Geburt im Hotelzimmer 103
OTTO WAGNER · VII., DÖBLERGASSE 4
»Herr und Frau Hofrat lassen bitten ...« 107
RUDOLF VON ALT · VIII., SKODAGASSE 11
Fensterplatz 112
STEFAN ZWEIG · VIII., KOCHGASSE 8
Ein Hauch von Goethe 117
HEIMITO VON DODERER · VIII., LENAUGASSE 1
Okkulter Schauder 122
LAZAR LUDVIK ZAMENHOF · VIII., FLORIANIGASSE 8
studas okulmedicinon 126
OTTO WEININGER · IX., SCHWARZSPANIERSTRASSE 15
Selbstmord im Beethoven-Haus 131
FRIEDRICH HEBBEL · IX., LIECHTENSTEINSTRASSE 13
Hebbels Astralleib 136
JÓZSEF MINDSZENTY · IX., BOLTZMANNGASSE 14
Exil 141
SASCHA KOLOWRAT · XX., PAPPENHEIMGASSE 2
Die Traumfabrik 146

In den Außenbezirken

CARL VON REICHENBACH · XIX., COBENZL
Die Entdeckung des »Od« 153
SIGMUND FREUD · XIX., BELLEVUE-HÖHE
Hier irrte Freud 158
ALBERT EINSTEIN · XIX., GRINZINGER STRASSE 70
Per Adresse Ehrenhaft 163
NIKOLAUS LENAU · XIX., OBERSTEINERGASSE 18-24
Prognose: traurig 168
OSKAR KOKOSCHKA · XIX., HARDTGASSE 27
Das zweite Ich 173
EGON FRIEDELL · XVIII., GENTZGASSE 7
»Unsere Welt ist am Ende ...« 179
ALJA RACHMANOVA · XVIII., HILDEBRANDGASSE 16
Milchfrau in Währing 184
KARL KRAUS · XV., REINDORFGASSE 18
Zwischenspiel im Hinterhof 189
JOSSIF STALIN
XII., SCHÖNBRUNNER SCHLOSSTRASSE 30
Staatsvertraglich geschützt 194
EGON SCHIELE · XIII., HIETZINGER HAUPTSTRASSE 101
Ganz in Schwarz 198
ALBAN BERG · XIII., TRAUTTMANSDORFFGASSE 27
Strenge Satzung 203
HUGO VON HOFMANNSTHAL
XXIII., KETZERGASSE 471
Das Fremdenbuch 208

Namenverzeichnis 216

An Küch' und Kammern, Ruh' und süßem Frieden
schien es von andern Häusern kaum verschieden,
nur etwas war, was es, doch nicht im Äußern,
ein wenig unterschied von andern Häusern ...
Ossip Kalenter

Aber manchmal im Traum
kann ich deinen Raum überschaun
tief vom Beginne
bis zu des Daches goldenem Grat.
Rainer Maria Rilke

VORWORT

Zu den großen Mysterien jeglicher Kultur zählt der *schöpferische Moment*: jene – nach Stefan Zweig – »geheimnisvolle Sekunde des Übergangs, da ein Vers, eine Melodie aus dem Unsichtbaren, aus der Intuition eines Genies durch graphische Fixierung ins Irdische tritt«. Zweig hat mit seiner leidenschaftlichen Neugier für diesen subtilen Vorgang seine vornehmlich auf Künstlerhandschriften gerichtete Sammelpassion begründet und sich dabei auch auf das bekannte Goethe-Wort berufen, um die großen Schöpfungen ganz zu begreifen, müsse man sie nicht nur in ihrer Vollendung gesehen, sondern auch in ihrem Werden belauscht haben.

Dieses Werden ereignet sich nicht im luftleeren Raum, sondern an Schreibtischen, Staffeleien, Instrumenten. Und diese Schreibtische, Staffeleien, Instrumente stehen in Häusern.

Die Häuser der Großen aus Kunst und Wissenschaft haben zu allen Zeiten auf deren Verehrer eine magische Anziehung ausgeübt. Gedenktafeln sind keine Erfindung des 20. Jahrhunderts. Der in unserer Zeit vehement zunehmende Städtetourismus hat nur ihre Verbreitung forciert, hat sie in seine Organisationsformen einbezogen. Hervorragendes Beispiel: die 1956 kreierte (und seither vielfach nachgeahmte) Aktion »Wien – eine Stadt stellt sich vor«.

Das vorliegende Buch will den in Wien zu Gast weilenden ebenso wie den ortsansässigen, den aktiv nachvollziehenden ebenso wie den im stillen Kämmerlein schmökernden »Häusersammlern« weiteres Material an die Hand geben. Das Schwergewicht liegt dabei nicht auf dem ohnehin schon Bekannten, sondern auf dem bislang Übersehenen, dem noch Unentdeckten, dem frischen, vielleicht sogar überraschenden Fund. Das (nur wenigen Eingeweihten vertraute) nach dem Tod seines Inhabers an anderem Ort »rekonstruierte« Arbeitszimmer von Karl Kraus, das vom jungen Herzmanovsky-Orlando entworfene Zinshaus, Sascha Kolowrats erstes Filmatelier, Ottilie von Goethes Wiener Witwensitz oder die Kaffeehausloge, in der Reinhold Schneider sein letztes (und vielleicht schönstes) Buch geschrieben hat, schienen mir interessanter als eine abermalige Aufzählung sämtlicher Wiener Beethoven-Stätten (und wenn es schon eine Beethoven-Stätte sein mußte, dann jene, an der sich der Philosoph und Beethoven-Enthusiast Otto Weininger auf spektakuläre Weise das Leben genommen hat).

Natürlich gibt es in diesem Buch auch Überschneidungen mit Geläufigem, auf das nicht zu verzichten war (und ebenso Seitensprünge ins Außerkünstlerische: in Wissenschaft, Religion und Politik). Der Rahmen ist also weit gesteckt. Ältere Leute werden sich vielleicht an eine erfolgreiche Buchreihe der Zwischenkriegszeit erinnern: »Was nicht im Baedeker steht«. Sie in erster Linie ist es, die mich zu meinen Recherchen angeregt hat. Und Carl Zuckmayers Wort vom Haus als »Seelenhülle« und »magischem Gespinst« hat mir dabei die Richtung gewiesen.

Wien, im Sommer 1986 — Dietmar Grieser

INNERE STADT

1 Ottilie von Goethe
2 Alfred Redl
3 Joseph von Eichendorff
4 Peter Altenberg
5 Fritz Wotruba
6 Adolf Loos
7 Frères Lumière
8 Franz Grillparzer
9 Adalbert Stifter
10 Reinhold Schneider

OTTILIE VON GOETHE
MÖLKER BASTEI 10

Das »Herzenszimmer« – »Anstatt eines Besuches des Lido fahren wir in den Prater, das Rialto ersetzen wir durch den Kohlmarkt, die Peterskirche durch St. Stephan, die Vetturini durch die Fiaker, und Seufzer haben wir auch so viel vorrätig, um aus jeder Brücke eine Seufzerbrücke zu machen. Dies ist die Art, wie sich besonders meine fantasiereiche Mama, indem sie noch Gefrorenes und italienische Opern hinzufügt, nach Wälschland zaubert.«

Walther von Goethe, einer der beiden Enkel des Dichters, berichtet einer nahen Freundin seiner Mutter, wie dieser wieder einmal das Geld ausgegangen ist: Die geplante Italienreise fällt ins Wasser. Muß man halt sehen, wie man das Beste aus der Situation macht, und die Situation – das ist nun schon seit Jahren Wien. Goethes Schwiegertochter Ottilie, die dem Dichter näherstand als der eigene Sohn und von ihm testamentarisch reich bedacht wurde (»außer freier Wohnung und Gartengenuß jährlich fünfhundert Thaler aus meinem Nachlaß«), bewohnt seit dem Herbst 1834 ein Appartement auf der Mölker Bastei – das »Herzenszimmer« nennen ihre beiden Söhne das mit Weimarer Souvenirs angefüllte Boudoir.

Seit fünf Jahren ist August, der ungeliebte Gemahl, seit drei Jahren der Schwiegervater tot. Weimar wird ihr nun zu eng, Frankfurt wäre ganz nach ihrem Geschmack. Da sie jedoch von einem Engländer, mit dem sie im Sommer eine Liaison gehabt hat (dem späteren Landpastor Charles James

Sterling), ein Kind erwartet, muß sie in einer Stadt »untertauchen«, in der niemand sie kennt. Die Wahl fällt auf Wien. Enttäuscht von der Charakterlosigkeit solcher »Halbmänner« wie des untreuen Engländers, ist sie glücklich, in dem Wiener Arzt Romeo Seligmann eine verläßliche Stütze zu finden, der die drei Jahrzehnte in der Wahlheimat der rastlosen Deutschen zur Seite steht.

Im Frühjahr 1835 bringt Ottilie von Goethe in der neuen Heimat ein uneheliches Kind zur Welt: Das Mädchen wird auf die Vornamen Anna Sibylle getauft und in Pflege gegeben. Um die »Schande« zu vertuschen, erwägt man sogar, das Neugeborene nach Italien zu bringen und es seiner Mutter von dort aus – als »Cholera-Waise« – »zurückzuerstatten«. Aber noch ehe der ausgeklügelte Plan zur Ausführung gelangen kann, stirbt Anna.

Ottilie von Goethe, die ihr (von seinem Vater nicht anerkanntes) jüngstes Kind ebenso liebt wie Walther, Wolf und Alma, die drei Legitimen, ist verzweifelt. Noch mehr als bisher sucht sie Betäubung in den Wiener Salons, in häufig wechselnden Liebschaften, in andauerndem Reisen. Auch die Erziehung der beiden Söhne bereitet ihr Sorgen: Walther, von starker musikalischer Begabung, doch im Wesen extrem neurasthenisch, kann sich als Komponist so wenig durchsetzen wie Wolf als Schriftsteller – beide werden mit zunehmendem Alter weltscheu und wunderlich. Da ist Alma, die dritte der Goethe-Enkel, ihr ganzer Trost: »ein heiteres, unbefangenes, anmutiges, sehr kluges Wesen«. Doch eine in Wien grassierende Typhusepidemie löscht auch dieses blühende junge Leben aus – mit siebzehn.

Wenn die Geschichte stimmt, die in Wiener Stadtchroniken kolportiert wird, ist Alma von Goethe, die der Großvater ein »allerliebstes« und »schon jetzt incalculables Frauenzimmerchen« genannt hat, im Herzen Wiens markant

Wahlwienerin Ottilie von Goethe

verewigt: als Hauptfigur des nach einem Entwurf von Ludwig Schwanthaler 1846 auf der Freyung errichteten Austria-Brunnens, für die sie kurz vor ihrem Tod Modell gestanden sein soll.

Das Haus Mölker Bastei Nr. 10, wo Ottilie von Goethe geb. von Pogwisch, nur von Reisen unterbrochen, bis 1866 ihren Hauptwohnsitz hat (Tür an Tür mit ihrem Seelenfreund Romeo Seligmann und dem Kompositionslehrer ihres Sohnes Walther, Professor Dessauer), ist auch durch andere berühmte Bewohner in die Stadtgeschichte eingegangen, etwa den »maître de plaisir« des Wiener Kongresses, Fürst Charles de Ligne (der das legendäre Wort »Der Kongreß tanzt« geprägt haben soll). Und nebenan, auf

Nr. 8 (dem Pasqualati-Haus), hat wiederholt Beethoven logiert und an etlichen seiner Werke gearbeitet.

Als Ottilie von Goethe, die im Revolutionsjahr 1848 auch einen Kreis freiheitlich gesinnter Dichter, Künstler und Gelehrter um sich versammelt, mit den Jahren (besonders, seitdem die Schutzfrist für Goethes Werke abgelaufen ist) in Geldnöte gerät, gehen immer häufiger Bettelbriefe von Wien nach Weimar (wo inzwischen ihre Söhne das Erbe des Großvaters verwalten). Und noch etwas betreibt die unterdessen Fünfundsechzigjährige: Als es – in von Mal zu Mal gehässiger werdenden Veröffentlichungen – Mode wird, den seit knapp drei Jahrzehnten toten Goethe zu schmähen (als kaltherzig-egoistisch, gottlos, stolz und gegenüber nachdrängenden jungen Talenten feindselig), greift sie im Juli 1861 zur Feder und holt zu leidenschaftlicher Verteidigung des Schwiegervaters aus (den sie schon nach den ersten paar Zeilen nur mehr »Vater« nennt):

»Ich habe fünfzehn Jahre mit meinem Schwiegervater zusammengelebt, und nie habe ich auch nur einmal gefunden, er sei kalt oder herzlos. Er stellte sich immer auf den Standpunkt des anderen, und so war er mild-verstehend und bei Irrtümern erbarmend. Der Vater war ein Mann des Volkes – auf unseren Spazierfahrten habe ich das oft erlebt. Ein Hauptzug meines Vaters war, daß er ganz neidlos war. Nur reine Freude empfand er, wo ihm Großartiges entgegentrat, ja Tränen traten ihm vor Bewunderung in die Augen. So habe ich ihn auch von Christus sprechen sehen: Wollen Sie es Andacht nennen, Verehrung, Anbetung?«

1866 – die zierliche Matrone mit den unruhigen blauen Augen hat inzwischen ihren siebzigsten Geburtstag begangen – bricht Ottilie von Goethe ihre Zelte in Wien ab, diesmal endgültig. Nach freudlosem Zwischenaufenthalt in Jena hält sie 1870 wieder im Haus am Weimarer Frauenplan Einzug, das mittlerweile verstaubt und baufällig geworden ist. Und am 26. Oktober 1872 stirbt sie – in ihrer alten Mansardenwohnung. »Von Quellen umgeben, verdurstete sie, denn keine bot ihr einen frischen Trunk«, lautet ihr Grabspruch. Sie hat ihn selbst formuliert.

ALFRED REDL
HERRENGASSE 19

Der Gast von Nummer 1 – Die von eisernen Säulen gestützte Wendeltreppe, über die Schlag Mitternacht die vier Stabsoffiziere in den ersten Stock stürmen, ist noch erhalten. Nur aus dem Hotelzimmer Nr. 1, das ihr Ziel ist, ist ein Büroraum geworden – einer unter vielen. Schon 1924 ist jener Trakt des Palais Orsini-Rosenberg an der Ecke Herrengasse/Bankgasse, der seit 1870 das Hotel Klomser beherbergt, in den Besitz der Niederösterreichischen Brandschadenversicherung übergegangen. Aber auch wenn Niederösterreich diese Behörde eines Tages in die neue Landeshauptstadt St. Pölten verlegen wird, ist wohl kaum mit der Anbringung einer Gedenktafel zu rechnen: Der Ort, an dem der größte Verräter in der Geschichte der Habsburgermonarchie sein Fehlverhalten eingestanden und sich selbst gerichtet hat, kann für einen österreichischen Patrioten niemals etwas anderes als ein Ort der Schande sein.

Samstag, 24. Mai 1913. Seit ca. 18 Uhr ist Generalstabsoberst Alfred Redl, der langjährige Chef der k.u.k. Spionageabwehr, entlarvt: Er ist es, der am Poste-restante-Schalter des Hauptpostamtes am Fleischmarkt die an einen gewissen Nikon Nizetas adressierte Geldsendung übernommen und sich bei der Verfolgung durch die Kriminalbeamten durch ein im Taxi zurückgelassenes Taschenmesseretui verraten hat. Und er weiß, daß man ihm, dem wegen seiner homosexuellen Lebensführung schon seit zwölf Jahren von den Russen Erpreßten, dicht auf den Fersen ist.

Redl, 49 Jahre alt, ist am selben Tag mit dem Privatwagen von Prag herübergekommen und hat sich – wie immer, seitdem er seine Wiener Wohnung in der Wickenburggasse aufgegeben hat – im renommierten Hotel Klomser einquartiert. Sein Offiziersbursche, Josef Sladek, der bereits am Vorabend mit dem Zug angereist ist, hat alles für den Aufenthalt Nötige vorbereitet und selber ein Dienerzimmer im Klomser bezogen.

Drei Tage will Alfred Redl in Wien bleiben. Am Samstag, seinem Ankunfts- und Schicksalstag, sind es im wesentlichen vier Dinge, die er erledigt: Bei einem Karosseriemacher in der Brigittenau liefert er seinen Wagen ab, dessen Innenausstattung ein paar Verbesserungen erhalten soll; mit seinem Geliebten, dem in Stockerau stationierten Ulanenleutnant Stefan Horinka, trifft er sich am Nachmittag im Hotel zu einer Aussprache; gegen 17 Uhr behebt er auf der Post das Geheimdiensthonorar (von dem er einen kostspieligen Austro-Daimler-Tourenwagen kaufen und Stefan zum Geschenk machen will); gegen 20 Uhr nimmt er mit seinem langjährigen Freund, Staatsanwalt Dr. Viktor Pollak, in einem Restaurant im achten Bezirk das Nachtmahl ein. Mit von der Partie: zwei »Beschatter« von der Kriminalpolizei.

Pollak weiß davon nichts. Auch als Redl, ein einziges Nervenbündel an diesem Abend, seinem Freund von nicht näher bezeichneten Verfehlungen berichtet, die er sich habe zuschulden kommen und die es ihm geraten erscheinen lassen, unverzüglich nach Prag zurückzukehren, ahnt er nichts vom Ausmaß der Katastrophe. Ihn auf den nächsten Tag vertröstend, verabschiedet sich Pollak gegen 23.30 Uhr vor dem Hotel Klomser von Redl, und dieser begibt sich auf sein Zimmer. Dort kann er gerade noch die Kuverts für zwei Abschiedsbriefe adressieren: einen an seinen Bruder, einen an seinen Vorgesetzten, General von Giesl, den Kommandanten des Prager Corps …

Als es um Mitternacht an seiner Zimmertür klopft, ist Redl wie gelähmt: Nur ein heiser-resigniertes »Herein« bringt er über die Lippen, vom Sitz erheben kann er sich nicht. »Ich weiß schon, weshalb die Herren kommen«, sagt er zu der vierköpfigen Kommission, die eilends aus Generalmajor Franz von Höfer, Oberst August von Urbanski, Major Maximilian Ronge und Oberstleutnantauditor Jaroslav Kunz gebildet worden ist. »Ich bitte um eine Waffe, um mein Leben beschließen zu können.«

So jedenfalls steht es in den Protokollen. Es kann aber auch ganz anders gewesen sein. Wahrscheinlich hat man Redl (der angeblich, schon entkleidet, im Begriff war, sich mit einer auf dem Nachttisch bereitliegenden Schnur zu entleiben) zum Selbstmord mit der Schußwaffe *gedrängt*.

Redl »erbittet« sich einen Revolver: Einer seiner vier »Unterhändler«, Major Ronge, eilt ins Kriegsministerium und holt einen funkelnagelneuen Browning aus dem Panzerschrank. Die Kommission zieht sich zurück, nimmt in der Herrengasse Aufstellung und wartet ab. Von hier überblickt man das Hotel Klomser am besten: Gästeportal und Lieferanteneingang (nicht allerdings Zimmer Nr. 1, das hofseitig gelegen ist). Um 1.45 Uhr kuvertiert Redl den Abschiedsbrief an seinen Bruder Wladimir: »Leichtsinn und Leidenschaft haben mich vernichtet. Betet für mich. Ich büße mein Irren mit dem Tode.«

Der Schuß, auf den die Offiziere vor dem Hotel ungeduldig warten, verzögert sich. Also begeben sich die vier Herren abwechselnd nach Hause, um die schwarze Kappe und den hechtgrauen Mantel der Offiziersuniform – in dieser Häufung und um diese Zeit mehr als auffällig! – gegen harmlose Zivilkleidung auszutauschen. Um 5 Uhr früh wird ein Detektiv der Kriminalpolizei ins Innere des Hotels abkommandiert, um mit der gebotenen Diskretion festzustellen, ob Redl noch am Leben ist. Er findet das betreffende

Endstation Affäre Redl: Hotel Klomser

Zimmer offen, auf dem Fußboden neben dem Sofa die Leiche. Der Schuß in den Mund hat das Gehirn zerfetzt.

Damit die von Amts wegen beabsichtigte Vertuschung der Affäre auch ja gelingt und die Selbstjustiz eines Hochverräters der Öffentlichkeit als Routine-Selbstmord (als Kurzschlußhandlung eines momentan Sinnesverwirrten, der »in der letzten Zeit an Schlaflosigkeit gelitten« hat) dargestellt werden kann, wird der Schauplatz des Geschehens, das Hotel Klomser, nicht in die wahren Zusammenhänge eingeweiht. Gegen Morgen erfolgt ein fingierter Anruf: Oberst Redl wird von einem Unbekannten am Telefon verlangt. Der Hotelportier will ihn daraufhin zum Apparat holen und – »entdeckt« so den Selbstmord. Das Hotel verständigt die Polizei, Polizeirat Dr. Schober und Militärarzt Dr. Miroslavich nehmen den Lokalaugenschein vor. Nur einer widersetzt sich den amtlichen Befunden: Redls Diener Josef Sladek. Für ihn ist es eindeutig Mord, sein Herr hat gar keinen Revolver besessen. Da wird Sladek mit einer Teilwahrheit zum Schweigen gebracht: Oberst Redl habe sich des Mißbrauchs der Amtsgewalt an Untergebenen schuldig gemacht und, da überführt, das Leben genommen. Da der junge Mann von Redls Veranlagung weiß, leuchtet ihm die Erklärung ein. Vom wahren Grund – befohlener Selbstmord zwecks Verheimlichung des größten Spionageskandals Österreich-Ungarns – ahnt er nichts.

Daß schließlich auch dies bekannt wird, dafür sorgt – von Prag aus und zwei Tage später – der »rasende Reporter« Egon Erwin Kisch, dem sich durch einen puren Zufall die wahren Zusammenhänge aufdecken. Um die Pressezensur zu überlisten, läßt er die Nachricht zunächst als fingiertes Dementi in seine Zeitung, die »Bohemia«, einrücken. Europa hat – ein Jahr vor Ausbruch des Ersten Weltkrieges – seine Sensation. Und ein Wiener »Familienhotel 1. Ranges« – so der Werbeslogan des Klomser – geht damit in die Weltchronik der Kriminalgeschichte ein.

JOSEPH VON EICHENDORFF
HERRENGASSE 5

Ungewöhnliche Menagerie – Das Palais der Grafen Wilczek in der Herrengasse, wo der junge Joseph von Eichendorff während seiner Wiener Jahre 1810 bis 1812 zusammen mit seinem zwei Jahre älteren Bruder Wilhelm logiert, ist zwar eine allererste Adresse, aber es hat auch einen empfindlichen Nachteil: Es liegt mitten in der Stadt. Also muß der zweiundzwanzigjährige Romantiker, der an das Leben auf dem Lande gewöhnt ist und bei Großstadtaufenthalten auch später stets darauf bedacht sein wird, zumindest an der Peripherie unterzukommen, etwas unternehmen, um ein Stück Natur um sich zu haben. Eichendorff legt sich eine Menagerie zu – und eine von nicht alltäglicher Art. Zaunkönige flattern durch die »geliebten hohen Stuben«, und die giftlose kleine Schlange, der er den zärtlichen Namen »Potscherl« gibt, darf nicht nur im Zimmer »promenieren«, sondern begleitet ihn, wohlverstaut in der Brusttasche, auch bei seinen »Ausgängen«, was (wie später sein Sohn Hermann berichten wird) »oft zu den ergötzlichsten Überraschungen Anlaß gibt«. Als dem Leibjäger der Familie Eichendorff, dem treuen Jakob Schöpp, den man den jungen Herren für die Dauer ihres Wiener Studienaufenthalts als Diener beigesellt hat, das Mißgeschick passiert, daß er das geliebte Tier versehentlich zertritt, muß sogleich Ersatz beschafft werden.

In welchen Räumen der Dichter des »Taugenichts« mit seinen kleinen Hausgenossen Umgang pflegte, hat sich bis heute nicht eruieren lassen – weder aus seinen Tagebuchaufzeichnungen noch aus der Hauschronik der Wilczeks. Die Bemerkung vom 21. Oktober 1811, er habe »unter unseren Fenstern« den niederösterreichischen Landmarschall Graf Dietrichstein »mit sechs Pferden, vorgehender Gala-Dienerschaft und Kammerherren« ins Landtagsgebäude ziehen sehen, spricht dafür, daß die Eichendorffs in dem der Herrengasse zugekehrten Vordertrakt untergebracht waren.

Der 1719 errichtete Barockbau mit säulenflankiertem Portal, schmiedeeisernem Balkon, tiefem Hof und mehrerlei Nebentrakten, Stallungen und Pawlatschengängen kam 1805 in den Besitz der Grafen Wilczek, und da diese mit der Familie des oberschlesischen Freiherrn von Eichendorff nicht nur gut Freund, sondern auch entfernt verwandt waren, gab es für dessen Söhne, als diese sich – nach gemeinsamem juristischem Studium in Halle und Heidelberg – in Wien aufs Referendarexamen vorbereiten sollten, dortselbst keine Wohnungsprobleme. Mehr noch: Der gastfreundliche »alte Graf« und der den Altersgenossen freundschaftlich zugetane Sohn Stanislaus luden die beiden Mittellosen so oft wie möglich an die häusliche Tafel, führten sie in die vornehme Wiener Gesellschaft ein und nahmen sie zur Jagd auf ihr hinter dem Bisamberg gelegenes Landschloß Seebarn mit. Vergleiche gewisser Textstellen des Taugenichts-Romans mit der Landschaft um Seebarn sprechen dafür, daß sich der Dichter von den dort empfangenen Eindrücken nachhaltig hat inspirieren lassen.

»Alles ist da«, triumphiert Adelbert Muhr, der in seinem schönen Buch »Reise um Wien in achtzehn Tagen« auch Eichendorffs Spur aufnimmt: die »dicht am herrschaftlichen Garten vorübergehende Landstraße, nur durch eine hohe Mauer von demselben geschieden«, ebenso wie die »hohe Buchenallee«, »still, kühl und andächtig wie in einer Kirche«. Muhr: »Nichts ist verdorben, alles noch so, wie es Eichendorff gesehen hat. Im Wirtshaus höre ich von der

Eichendorff-Logis: Palais Wilczek

›Herrschaft‹ reden, als wäre es noch die Zeit, wo ›die Bedienten den Herren die Hand küßten‹. Und auch der Teich im Schloßpark ist noch vorhanden und ein Kahn gleich jenem, welchen der romantische Wanderer ruderte, dieser in alle Damen verliebte, voll naiver Galanterie der Gesellschaft seine Liebeslieder vorsingende Taugenichts ...«

In der Stadt (die ihm trotz »cum eminentia« bestandener Referendarprüfung die erhoffte Beamtenstelle versagt) pflegt Joseph von Eichendorff Umgang mit dem Literatenehepaar Friedrich und Dorothea Schlegel, dem Maler Philipp Veit, dem Kanzelredner Clemens Maria Hofbauer. Er geht ins Theater, ins Konzert, wird auf Bälle mitgenommen. »Figaro« ist ein »herrlicher Genuß«, die »Volkskomödien« in den Vorstadttheatern machen ihm starken Eindruck. Die beste Zeit zum Schreiben (in Wien entsteht vor allem der Roman »Ahnung und Gegenwart«) ist der frühe Morgen – oft steht er gar schon um 5 Uhr auf. Fürs Herz gibt's eine kleine Choristin mit langem schwarzem Haar.

Die Verköstigung reicht von »Brot mit Salz« oder überhaupt übersprungenen Mahlzeiten bis zu ausgelassener Einkehr in überfüllten Schenken, wo man den Wein direkt aus der Flasche trinkt, und »frugalem Déjeuner à la fourchette« samt »Roßbratel und Erdäpfeln«.

Einer der Freunde nennt ihn »so eingewienert, daß er schwerlich woanders fröhlichen Herzens sein kann«, und tatsächlich kehrt der Dichter, der ansonsten über Berlin und Breslau, Königsberg und Danzig, München und Dresden kaum hinauskommt, in späteren Jahren noch volle dreimal nach Wien zurück – 1846 gar für ein ganzes Jahr. Er begegnet in dieser Zeit Robert und Clara Schumann, Giacomo Meyerbeer, Adalbert Stifter, Franz Grillparzer, Anastasius Grün und natürlich seiner in Baden bei Wien lebenden Schwester Luise. Und mit einem von ihnen kann er sogar Wiener Wohnerfahrungen austauschen: Grillparzer hat eine Zeitlang im gleichen Palais Wilczek logiert wie er – Herrengasse 5.

PETER ALTENBERG
DOROTHEERGASSE 3

Galerie der Schönheit – Wenn Sie im Graben-Hotel in der Dorotheergasse absteigen und bei der Zimmerwahl auf Nr. 51 bestehen, weiß der Rezeptionist: Aha, wieder ein P.-A.-Fan. Sie sind nämlich durchaus nicht der erste, der diesen Wunsch äußert: Wenn ein Hotelzimmer einmal solche Berühmtheit erlangt hat, daß man es sogar – wie 1985 in der großen Wiener Erfolgsausstellung »Traum und Wirklichkeit« – für ein Massenpublikum nachbaute, darf man sich nicht wundern, wenn es dann manche Besucher ganz genau wissen wollen und sich nicht mit dem Traum begnügen, sondern auch der Wirklichkeit nachjagen.

Natürlich dürfen Sie sich nicht zu viel erwarten: Seit den Tagen, da der »Narr von Wien« im fünften Stock des Graben-Hotels seine feste Bleibe gefunden hatte, sind über siebzig Jahre vergangen, Umbauten haben manches verändert (wiewohl das Zimmer als solches erhalten geblieben ist), und das Inventar, das ja dessen eigentliche Originalität ausmachte, ist teils in Museumsschränken gelandet, teils im Antiquitätenhandel versickert. Aber wer über genügend Phantasie verfügt und vor allem Peter Altenbergs Feuilleton »Zimmereinrichtung« zur Hand hat, in dem der Dichter selber das Ambiente seines Lebensabends beschreibt, kann sich in etwa ein Bild von jenem wunderlichen Gehäuse machen, das P.A. – nach dessen eigenen Worten – jegliches mühselige Pilgern »in die berühmten Gemäldesammlungen« überflüssig gemacht hat:

»Mein einfenstriges Kabinett im fünften Stock des ›Graben-Hotels‹ ist mein ›Nest‹, Halm für Halm zusammengesucht seit 20 Jahren. Die Wände ganz bedeckt mit Photos: die Prinzessin Elisabeth Windisch-Grätz im 5. Lebensjahre. Dieselbe mit ihren vier Engels-Kindern. Franz Schubert und Hugo Wolf, Beethoven und Tolstoi, Richard Wagner und Goethe. Japanische Sumpfvögel, der Berg ›Fushji‹, ein großes Kruzifix aus der Bozener Holzbildnerschule, Gustav Klimts ›Schubert-Idylle‹, Schloß Orth im Winter, ›Grablegung‹ von Ciseri; Photos von: Bertha L., Klara P., Nâh-Baduh aus Accrâ, Paula Sch., Grete H., Kamilla G., Fräulein Mayen, Fräulein Mewes, und meine 33 geliebten Ton-Vasen und 64 japanischen Kleinkunst-Sachen, zusammengeschnorrt von ›Verehrerinnen‹. Kurz – alles meinem Sein, meinem Geschmacke, meinen inneren ›Erlebnissen‹ entsprechend. Ein Nest! Wenn ich denke, wer dieses geliebte Kabinett einmal in Bausch und Bogen erben wird, da freut mich wirklich das ganze Sterben nicht!«

Peter Altenberg (mit bürgerlichem Namen Richard Engländer) sollte recht behalten: Seine Habseligkeiten, darunter die in seinem »Nest« gehütete Sammlung von rund 10.000 Ansichtskarten, die er zum Teil durch persönliche Beschriftung in den Rang von Autographen erhoben hat, landeten nach dem Tod seines Bruders Georg, der den Nachlaß geerbt hatte, in den Händen von Privatsammlern, und erst lange nach dem Zweiten Weltkrieg zeigte die Gemeinde Wien Interesse und erwarb Teile des P.-A.-Schatzes für ihr Historisches Museum. Auf diese Weise kamen die beiden Altenberg-Wände in der Ausstellung »Traum und Wirklichkeit« zustande, die, Originalphotos auf nachempfundener Blümchentapete, ein gutes Bild von der Exzentrik des berühmten Graben-Hotel-Dauergastes gegeben haben: der Schreibtisch mit der Löschblattunterlage, Sofa und Deckenlampe, Kanonenöfchen und Lavoir. Und die Tafel

»Ich bin heut ausnahmslos für Niemanden zu sprechen. Peter Altenberg.« Auch ein Teil der gerahmten Mädchen- und Frauenbildnisse, mit denen er nicht nur seine Wohnkammer, sondern sogar den Gang in seiner Hoteletage tapeziert hatte, waren zu sehen – mit handschriftlichen Huldigungen wie diesen: »Kind-Mädchen, ich liebte Dich unermeßlich!« oder »Märchen meines Lebens, holdeste Fee, allerzarteste Vierzehnjährige!«

»Votivbildchen für unerhörte Bitten« hat man diese Schönheitsgalerie aus dem Wiener Fin de siècle genannt, einen »Wallfahrtsort der weiblichen Gnaden«, und in der Tat lassen Exaltiertheit und Emphase solcher Randglossen wie »Dich nackt, splitternackt erträumen!« oder »My most beloved and adorated girl-baby« eher auf Schwärmerei denn auf grobsinnlichen Vollzug schließen. »Enttäuschungslos, da ich nicht einmal ihren Namen weiß«, lesen wir auf dem einen Passepartout, »Sei bedankt, daß Du existierst!« auf einem anderen, »Die Hecht-grauen Augen, die aschblonden Haare!« hier, »Die absolut idealen Beine!« dort, und anderswo kurz und bündig »Grazie«.

In seinem (in dem 1901 erschienenen Sammelband »Was der Tag mir zuträgt« enthaltenen) Feuilleton »Selbstbiographie« hat sich Peter Altenberg wie folgt über diese seine Passion geäußert:

»Mein Leben war der unerhörten Begeisterung für Gottes Kunstwerk ›Frauenleib‹ gewidmet! Mein armseliges Zimmerchen ist fast austapeziert mit Akt-Studien von vollendeter Form. Alle befinden sich in eichenen Rahmen, mit Unterschriften. Über einer Fünfzehnjährigen steht geschrieben: ›Beauté est vertue‹. Schönheit ist Tugend. Unter einer anderen: ›Es gibt nur eine Unanständigkeit des Nackten – das Nackte unanständig zu finden!‹«

Und er fährt fort:

»Wenn P. A. erwacht, fällt sein Blick auf die heilige

Peter Altenbergs »Nest« im Graben-Hotel

Pracht, und er nimmt die Not und die Bedrängnis des Daseins ergeben hin, da er zwei Augen mitbekommen hat, die heiligste Schönheit der Welt in sich hineinzutrinken! Ich möchte auf meinem Grabsteine die Worte haben: ›Er liebte und sah!‹«

1929, zehn Jahre nach Peter Altenbergs Tod, wurde das Inventar seines Hotelzimmers, damals noch nicht in Einzelteile zerrissen und in alle Winde verstreut, in einer Ausstellung der interessierten Wiener Öffentlichkeit gezeigt; die »Neue Freie Presse« berichtete über das Ereignis:

»Im Grabenhotel, unfern dem Gewühl und dem Hasten der großen, lärmenden Stadt, hatte Peter Altenberg ein Zimmer: ein Zimmer, das sich in so vielem von den durchschnittlichen Hotelzimmern unterschied, das trotz der gedruckten Anweisungen für die Klingelzeichen neben der Tür doch so ganz persönlich, so ganz das Heim eines Dichters gewesen ist. Quartier-latin-Luft wehte durch diesen Raum, dessen Wände mit Photographien geschmückt waren. Männer und Frauen mit Geist und Kultur gingen in diesem Zimmer in der Dorotheergasse ein und aus. Viele klopften schüchtern an, viele öffneten die Tür ohne Umstände, aber alle wußten, daß es ein ganz Großer, ein ganz Eigener sei, dem sie nun gegenüberstehen würden. In der Neuen Galerie in der Grünangergasse ist nun dieses Zimmer zu sehen, und ringsum an den Wänden und in Vitrinen ist alles, was Peter Altenberg lieb hatte, das an ihn erinnert. Sogar die Lampe hängt vom Plafond herab und gibt düsteres Licht. Er liebte wahrscheinlich dieses Clair-obscur, diesen matten Schein, in dem man denken und träumen konnte. Die Photographie jener Berta Lecher hängt an der Wand, die Altenberg so lieb hatte. ›Peter‹ nannte er sie, und nach ihrem Geburtsort hatte der Dichter sein Pseudonym: Altenberg. Und viele, viele Bilder anderer Frauen und Mädchen in der Tracht der achtziger Jahre. Und unter allen diesen Porträts die eigenartige, charakteristische Schrift des großen, geliebten Dichters.«

Peter Altenberg bezog sein Quartier im Graben-Hotel in dessen Eröffnungsjahr 1913. Und blieb dort bis an sein Lebensende. Am Abend des 6. Jänner 1919 fanden ihn seine Freunde in schwerem Fieberdelirium, alarmierten die Rettungsgesellschaft und ließen ihn ins Allgemeine Krankenhaus einliefern. Die Ärzte stellten eine schwere Lungenentzündung mit vorgeschrittenem Lungenödem fest; zwei Tage darauf trat der Tod ein.

Dem berühmten Dauergast zu Ehren ist das heutige Hotelrestaurant in der Dorotheergasse auf den Namen Altenberg getauft, und eine Gedenktafel neben dem Portal erinnert daran, daß auch Franz Kafka und Max Brod wiederholt im selben Haus abgestiegen sind.

Früher stand an dieser Stelle das Einkehrgasthaus »Zum goldenen Jägerhorn«, das ebenfalls mit einem großen Namen der österreichischen Literatur verbunden ist: Franz Grillparzer. Einige Häuser weiter domizilierend, pflegte der Dichter zu der Zeit, da er an seinem Trauerspiel »König Ottokars Glück und Ende« schrieb, beim Gastwirt Leibenfrost seine Mahlzeiten einzunehmen. Ein literarhistorisch hochprozentiger Ort.

FRITZ WOTRUBA
SEILERGASSE 4

Mittagstisch bei Marian – Heute verkriecht sich alles in den eigenen vier Wänden, auch die Künstler kapseln sich ab, jeder geht seiner Wege – vorbei sind die Zeiten der Stammtische, der Kaffeehausrunden, der »Salons«. Das war in den unmittelbaren Nachkriegsjahren anders: Überall tat man sich zusammen, um gemeinsam Wege aus dem Chaos zu suchen, einander über die allgemeine Not hinwegzuhelfen. Eine der berühmtesten Adressen im Wien jener Zeit lautete Seilergasse 4, Telefon: R 27-119. Die Wotrubas.

Der schon damals international renommierte Bildhauer Fritz Wotruba und seine Frau Marian waren aus der Schweizer Emigration nach Österreich zurückgekehrt, und da ihm im strengen Nachbarland nicht nur die Arbeits-, sondern auch die Verkaufserlaubnis erteilt worden war, erfreuten sie sich inmitten des allgemeinen Elends eines gewissen Wohlstands, an dem man nun, wieder daheim, die neuen Freunde, die sich einem zugesellten, teilhaben lassen konnte. Der Schriftsteller Ulrich Becher (mit Wien nicht nur seiner Frau wegen, einer Tochter des Kollegen Roda Roda, eng verbunden) stieß 1948 zu dieser Runde; er berichtet darüber:

»Marian widmete sich mit einem Schwung, in dem viel künstlerische Improvisation steckte, dem Aufbau eines Wiener Zentrums, um nicht zu sagen Salons.« Zu diesem »unbürgerlichen Mittagstisch, zu dem nicht formell eingeladen wurde«, durfte sich einfinden, wer wollte, und man

»fand sich ein, bisweilen en masse«. Ulrich Becher nennt an Namen Gottfried von Einem, Franz Theodor Csokor, Helmut Qualtinger, Ernst Fuchs, den Dramatiker Helmut Schwarz, den Bildhauer Wander Bertoni, den Arbeiterdichter Kobalek, den Regisseur Erich Neuberg, die jungen Leute von der frischgegründeten Studentenbühne in der Kolingasse.

»Marians Gastfreundschaft und Protegier-Unternehmungsfreude kannte keine Grenzen. Sie fahndete nach einem Verleger für den Nicht-nur-Lyriker Theodor Sapper. Man konnte bei ihr speisen, das Geld für eine Wäscherechnung ergattern, sich rasieren oder die Haare schneiden lassen. Denn alle vierzehn Tage kam ein Friseur ins Haus, um den Meister zu scheren und zu barbieren.« In jeder Situation wußte sie Hilfe: ob man Lebensmittelkarten benötigte oder »Verbindung zu einer alliierten Kulturinstanz«, ob man Klavierstunden geben wollte oder einen Gegenstand auslösen, den man ans Dorotheum verpfändet hatte.

Aber natürlich stieß auch die »Leistungsfähigkeit« der Wotrubas an Grenzen. Ulrich Becher erinnert sich, wie er einmal die Frau des Hauses entsetzt ausrufen hörte: »Um Himmels willen – unsere Kasse ist leer!«

Daß sich der von der Wotruba-»Perle«, einer exzellenten tschechischen Köchin, bereitete Mittagstisch in der Seilergasse (durchschnittliche Zahl der hungrigen Mäuler: zwanzig) nach 1950 langsam aufzulösen begann, lag jedoch weniger an etwa schwindender Gastlichkeit der Gastgeber noch am allmählich steigenden Lebensstandard, sondern am Ausfall der Hauptperson: Marian Wotruba, von deren »zeitlos faszinierender« Erscheinung Ulrich Becher insbesondere das »frühhellenistisch-naxische« Profil in Erinnerung hat, erkrankte. An Krebs. 1951 starb sie, nur 46 Jahre alt. Wotruba arbeitete gerade an einem seiner Meisterwerke: der Steinplastik »Große Liegende«. Jeder Einge-

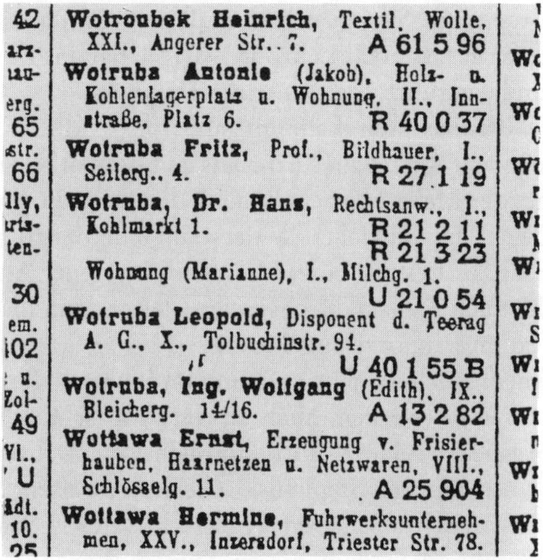

Wotroubek Heinrich, Textil, Wolle, XXI., Angerer Str.. 7. A 61 5 96
Wotruba Antonie (Jakob), Holz- u. Kohlenlagerplatz u. Wohnung, II., Innstraße, Platz 6. R 40 0 37
Wotruba Fritz, Prof., Bildhauer, I., Seilerg.. 4. R 27 1 19
Wotruba, Dr. Hans, Rechtsanw., I., Kohlmarkt 1. R 21 2 11 R 21 3 23
Wohnung (Marianne), I., Milchg. 1. U 21 0 54
Wotruba Leopold, Disponent d. Teerag A. G., X., Tolbuchinstr. 94. U 40 1 55 B
Wotruba, Ing. Wolfgang (Edith), IX., Bleicherg. 14/16. A 13 2 82
Wottawa Ernst, Erzeugung v. Frisierhauben, Haarnetzen u. Netzwaren, VIII., Schlösselg. 11. A 25 904
Wottawa Hermine, Fuhrwerksunternehmen, XXV., Inzersdorf, Triester Str. 78.

»Nahrhafte« Telefonnummer R 27 1 19: die Wotrubas

weihte wußte, wie's gemeint war, und der Künstler selber bestätigte es später in aller Offenheit: »Die Krankheit kam hinein.«

Der Wiener Fritz Wotruba und die zwei Jahre ältere Marian Fleck, die aus Düsseldorf nach Wien gekommen war, um sich hier zur Metallbildhauerin ausbilden zu lassen, lernten einander 1926 in der Schule Anton Hanaks kennen, 1929 wurde geheiratet. Wotruba stand politisch links, seine Frau war Jüdin – schon 1934, im Zuge der Februar-Unruhen, suchten sie vorübergehend in der Schweiz Zuflucht. Und erst recht von 1938 bis 1945. Robert Musil, der zu den engsten Gefährten im Exil zählte, schrieb über sie in seinen Tagebüchern: »Marian, das Mädchen aus wohlhabendem Haus, das die Gefährtin des um zwei Jahre jüngeren, noch in der Kunstgewerbeschule befindlichen Fritz wird und in sein Elternhaus zieht, bei den Schwestern schneidern lernt und so beiträgt. Sie hat seinen Aufstieg von da an mitgemacht, wo er fast noch Lehrbub war. Sie hat das Leben seiner Familie geführt und das seiner Freunde.«

An Wotrubas Heimkehr im Jahr 1945 – die Bahnfahrt von Zug nach Wien dauerte damals 45 Stunden! – hatte sein Kollege, der Maler Herbert Boeckl, den größten Anteil: Er hatte gegen mannigfachen Widerstand eine Berufung Fritz Wotrubas zur Leitung einer Meisterklasse an der Akademie der bildenden Künste durchgesetzt (der er dann bis zu seinem Tod im Jahr 1975 angehörte).

In einem Buch über Prominente und »ihre« Häuser darf nicht versäumt werden, auch auf das von seinem Weggefährten Friedrich Heer subtil kommentierte Nahverhältnis Fritz Wotrubas zur Stephanskirche hinzuweisen. Sowohl sein künstlerisches Schaffen wie sein privates Leben hätten sich kontinuierlich »um diesen Dom herum aufgebaut«. Friedrich Heer in seinem großen Aufsatz über das Lebenswerk des Freundes (der sich an und für sich seit frühester Jugend von der katholischen Kirche abgewendet hatte): »Die erste Wohnung, in der Seilergasse, war nicht weit vom Dom entfernt, mit seiner zweiten Wohnung, in der Blutgasse, rückte er dem Dom noch näher an den Leib. Dem Dom gegenüber wurde Wotruba zum Bildhauer von Statuen, die er des öfteren ›menschliche Kathedralen‹ nannte.« Und mit dem Bau eines von ihm selbst entworfenen »Doms«, nämlich der Kirche zur Heiligsten Dreifaltigkeit auf dem St. Georgenberg in Mauer, so möchte man hinzufügen, steuerte das Lebenswerk dieses großen Künstlers auf einen Schlußpunkt zu, der nur für den starr konfessionell Denkenden rätselhaft sein mag.

ADOLF LOOS
BÖSENDORFERSTRASSE 3

Antworten auf Fragen aus dem Publikum – Warum trägt man Gamaschen? Wie hat ein Sportanzug auszusehen? Soll die Weste abgeschafft werden? Hat der Hut eine Zukunft? Wozu Monokel?

Leseranfragen im »Neuen 8-Uhr-Blatt«, Wien 1919.

Die Auskünfte, die der Bearbeiter der Rubrik »Antworten auf Fragen aus dem Publikum« erteilt, lesen sich wie kleine kulturgeschichtliche Abhandlungen, stehen haushoch über dem Niveau dessen, was sich gemeinhin in den Kolumnen der Lebensberater abspielt, und das ist nicht verwunderlich: Ihr Verfasser ist Adolf Loos.

Der berühmte Wiener Architekturerneuerer, Kulturkritiker und Geschmacksbildner ist sich nicht zu gut, auch in scheinbar ganz banalen Fragen der Mode, der Haushaltsführung, des savoir vivre, einem aufklärungsbedürftigen Publikum zur Hand zu gehen, und die Gedenktafel am Haus Bösendorferstraße 3, wo er seine Ausführungen zu Papier bringt, nimmt, indem sie Loos nicht nur als Baumeister, sondern auch als »großen Humanisten« rühmt, auf diesen didaktisch-sozialen Aspekt seines Wirkens ausdrücklich Bezug. Im Historischen Museum kann man sogar eines der Zimmer der Loos-Wohnung besichtigen: Elsie Altmann-Loos, die 1984 verstorbene Tänzerin, seine zweite Frau und Universalerbin, hat es 1958 als ständiges Exponat der Stadt Wien überlassen – für denjenigen, der Loos' Briefkastenrubrik in Erinnerung hat, der reinste Lehrbehelf.

Das Loos-Zimmer im Historischen Museum der Stadt Wien

»Ihr wollt ein Zimmer neu tapezieren lassen und seid über die Farbe im Zweifel?« hatte er schon Jahre früher die Zeitungsleser zu öffentlicher Diskussion von Geschmacksfragen animiert. »Ihr wollt wissen, wie man die alten Möbel in Eurer neuen Wohnung am besten unterbringen kann? Ob man einen Korbfauteuil in ein Wohnzimmer stellen darf?«

Loos gründet sogar ein eigenes Blatt »zur Einführung abendländischer Kultur in Österreich«, gibt ihm den Titel »Das Andere« und läßt dessen erste Nummer der von Peter Altenberg redigierten Halbmonatsschrift »Kunst« beilegen. Damit die Leser von dem neuartigen Service umfassend Gebrauch machen können, macht er ihnen mit Musterfragen Appetit: »Wie soll man Feste feiern? Wie Besuche machen?

Wie Einladungen ergehen lassen? Wer darüber im Zweifel ist, frage an. Ich will auf alle Zuschriften nach bestem Wissen Antwort geben.« Was die Wohnungs- und Möblierungsprobleme betrifft, so empfiehlt er, den Anfragen »Farbproben, Stoffmuster und Tapeten« bzw. »Grundrisse und Zeichnungen« beizuschließen. »Wollt Ihr sie wieder haben, legt die nötigen Marken bei.« Im zweiten Heft (das er in eigener Regie herausgibt und in »das Leben« umbenennt) begründet er seine Mission: Er wolle versuchen, die abendländische Kultur, wie er sie verstehe, nach Österreich zu bringen.

Der Architekt in der Rolle des jedermann unentgeltlich zur Verfügung stehenden Geschmackspädagogen und Universalkritikers: etwa so, wie wenn heute ein Mann wie Hans Hollein dem Fernsehen seine Dienste anböte und regelmäßig in der Lebenshilfesendung »WIR« aufträte.

Da geht es um die »Regeln für den, der in den Bergen baut«, um die Notwendigkeit von Salzlöffeln auf den Restauranttischen, da wettert Loos gegen die fertiggebundene Krawatte, gegen Batiktücher und gegen das berüchtigte Tintenfaß auf dem Felsenriff, da verteidigt er Wohnküche und Kleinschreibung, äußert sich über Trinkgläser und Haarschnitte, über Hosenweite und Kammerdienerdeutsch, spielt das gute alte Schnitzel gegen das bessere neue Steak aus und träumt – zur allgemeinen Abschreckung – von der Gründung eines »Hausgreuelmuseums«, in dem er all den Plunder ausgestellt sehen möchte, der aus den modernen Wohnungen verbannt gehöre: Dekorationskitsch und Nippes. Also das Gros der bürgerlichen Hochzeitsgeschenke.

Wie es in Adolf Loos' *eigener* Wohnung aussieht (von der im Historischen Museum das Speisezimmer mit anschließendem Sitzraum ausgestellt ist), hat Frau Altmann-Loos in ihren Memoiren geschildert. Die dreißig Jahre von 1903 bis zu seinem Tod ist der fünfte Stock im Haus Bösendorferstraße 3 (damals Giselastraße) seine feste Adresse. Der Hausherr, Baron Königswarter, ist auf den berühmten Mieter so stolz, daß er ihm ab der Inflationszeit (wo es Loos auch an Aufträgen mangelt) den Zins erläßt.

Der Ästhet Adolf Loos läßt die Wände mit dunklem Holz täfeln, aus dem Kabinett macht er ein Kaminzimmer. Elsie Altmann-Loos: »Das Wohnzimmer ist wirklich ein Juwel, es enthält die ganze Essenz von Loos' Talent. Der Kamin hat eine mächtige, wunderschöne Kupferhaube; er findet einen Glaser, der ihm aus vielen kleinen Glasstückchen eine vielfärbige Scheibe anfertigt, durch welche das Licht warm und gedämpft ins Kaminzimmer fällt. Im Wohnzimmer steht der Eßtisch in einer Ecke mit der Sitzbank, die eine Truhe ist, rundherum kleine schließbare Büfetts, mit rotem Marmor ausgelegt, die Mauern weiß gekalkt, der Plafond mit den dunklen Holzbalken. Er selbst wählt die Stoffe, englische Kretone, für die Polstermöbel aus und sucht tagelang in allen Geschäften, bis er den idealen Stoff gefunden hat. Die Vorhänge sind aus leichter gelber Seide und täuschen ewigen Sonnenschein vor. Im Kaminzimmer hängt ein dunklerer Vorhang, englische Seide, dunkelgrün, mit gelben Zitronen. Es war wirklich die schönste Vorhangseide, die es je gab. Als wir sie nach zwanzig Jahren endlich ersetzen mußten, weil sie vollkommen zerschlissen war, weinte Loos beinahe, und ich verstand ihn, denn niemals mehr konnten wir eine annähernd schöne Seide finden.«

So viel zu den Erinnerungen der Elsie Altmann-Loos (die ihren Mann ein halbes Jahrhundert überlebt hat). Gut, daß ihr Buch neu aufgelegt worden ist. Denn ohne diese Aufzeichnungen bliebe das Loos-Zimmer im zweiten Stock des Historischen Museums, so verdienstvoll seine Konservierung sein mag, ohne Leben.

FRÈRES LUMIÈRE
KÄRNTNERSTRASSE 45

Das Urkino – Am 17. April 1896 berichtet die »Neue Freie Presse« auf Seite 1 über ein gesellschaftliches Ereignis, mit dem – auch in Österreich – eine neue Ära der Massenunterhaltung beginnt:

»Der Kaiser wohnte heute mittag einer Vorführung der ›lebenden Photographien‹ durch den Cinematographen bei, welche dem Publikum seit einiger Zeit im Mezzanin des Hauses Krugerstraße 2 geboten werden. Der Kaiser wurde vom Unternehmer, Herrn Dupont, empfangen und in den Productionssaal geleitet, der gleich verfinstert wurde, worauf die Bilder auf eine weiße Fläche projiziert wurden. Ein großer Theil des Repertoires des Cinematographen – der Meeresstrand mit den schwimmenden Kindern, die Ankunft eines Zuges, eine einstürzende Mauer etc. – wurde dem Kaiser vorgeführt, der sein lebhaftes Interesse für den sinnreichen Apparat äußerte, welcher bekanntlich von den Herren August und Louis Lumière in Lyon erfunden worden ist. Man macht mit diesem Apparat fünfzehn Aufnahmen in der Secunde, so daß der Vorgang einer Minute neunhundert Photographien umfaßt, die in ihrer Gesamtheit Vorgänge der verschiedensten Art und selbst die geringsten Bewegungen wiedergeben, aus welchen ein Vorgang sich zusammensetzt. Die Conversation des Kaisers mit dem Herrn Dupont wurde in französischer Sprache geführt. In der Kruger- und der Kärntnerstraße hatte sich bei der Ankunft und Abfahrt des Kaisers ein zahlreiches Publicum angesammelt.«

Auch der Kaiser war dabei: »Cinématographie« in Wien

Die erste in einer österreichischen Zeitung erschienene »Filmkritik«.

Schon seit drei Wochen ist das sensationelle Spektakel – täglich von 10 bis 18 Uhr, Eintrittspreis 50 Kreuzer – im Gange. Nur ein Vierteljahr nach der vergleichsweise bescheidenen Weltpremiere im »Grand Café« auf dem Pariser Boulevard des Capucines (nur 35 zahlende Besucher!) ist auch Österreich an das neue Medium »angeschlossen«. Emissäre der Brüder Lumière – man spricht von insgesamt fünfzig – reisen mit ihren Apparaturen und ihrem Eröffnungsprogramm – sechs Filmchen von ein bis zwei Minuten Dauer – in die Zentren des damaligen Europa, um diese mit der grandiosen französischen Erfindung vertraut zu machen: Madrid, Petersburg, Berlin.

In Wien führt sie ihr erster Weg in die französische Botschaft, eine zweite »geschlossene Vorstellung« folgt in der Graphischen Lehr- und Versuchsanstalt in der Westbahnstraße. Und nun also, in einem gemieteten Raum im Halbstock des Hauses Kärntnerstraße 45/Krugerstraße 2 (heute ein Geschäftslokal), die ersten *öffentlichen* Vorführungen. Es ist ein einfacher Raum, gewöhnliche Stühle sind durch Latten zu Sitzreihen verbunden. Noch hält man sich an die Theaterregeln: Die besten Plätze sind in der ersten Reihe. Bis man daraufkommt, daß es sich im Kino umgekehrt verhält, wird noch einige Zeit verstreichen. Der Projektionsapparat ist hinter einer spanischen Wand aufgebaut, daneben – als Sicherheitsvorkehrung für den Brandfall – ein mit Wasser gefüllter Holzbottich. Ein Wäschekorb fängt den Filmstreifen auf, der nach beendeter Vorführung von Hand wieder aufgespult wird.

Die Wiener nehmen das neuartige Schauspiel, für dessen musikalische Untermalung ein Klavierspieler in die Tasten greift, zwar fasziniert, doch gelassen auf: Von entsetzt aufspringenden Zuschauern, die vor der auf sie zufahrenden

Lokomotive die Flucht ergreifen wollen (wie es von der Pariser Premiere überliefert ist), ist hierzulande keine Rede (obwohl die Tatsache, daß beim Programmwechsel einige Wochen später »Der Eisenbahnzug« prolongiert wird, darauf schließen läßt, daß diese Episode auch in Wien der eigentliche Schlager ist).

Unter den zahllosen Schätzen der Wiener Stadt- und Landesbibliothek hat sich auch ein Prospekt von der ersten Wiener Filmvorführung erhalten, und sein (namenloser) Besitzer hat darauf – zur Freude der Nachwelt und sich selber zur Erinnerung – die Programmfolge notiert:

1. Der Concorde-Platz in Paris
2. Bébés Frühstück
3. Die Schmiede
4. Schiffspromenade
5. Das Meer
6. Die Eisenbahn

In der zweiten Vorstellungsserie kommen dann noch die Filmchen »Fabrikarbeiter gehen nach Hause«, »Der Scherenschleifer am Hauptplatz«, »Politische Meinungsverschiedenheiten«, »Die demolierte Mauer« und »Festzug in Nizza« hinzu. Das ist das Programm, das auch Kaiser Franz Joseph zu sehen bekommt – vom Hofwagen zur Krugerstraße gefahren, von Generaladjutant Graf Paar begleitet. Die Attraktion aus Frankreich macht auf den Kaiser von Österreich großen Eindruck, und das bleibt dann auch nicht ohne Folgen: Schon sehr früh wird er Filmleuten, die bei Hof vorstellig werden, die Erlaubnis erteilen, bei Hofjagden und anderen »filmverdächtigen« Anlässen Aufnahmen zu machen.

Schon kurz nach dem Spektakel in der Krugerstraße entsenden die Brüder Lumière ihren Cheftechniker Promio und dessen Assistenten Werschinger nach Wien, um sie die ersten Filmszenen auf österreichischem Boden drehen zu lassen (darunter, um das örtliche Interesse für die neue Erfindung weiter anzuheizen, »Zuschauer, die das Kino verlassen«).

Erst etliche Jahre später (nämlich 1907) greift zum ersten Mal auch ein Österreicher zur Kamera: der Photograph Anton Kolm. Außenaufnahmen: Wurstelprater und Burg Liechtenstein, Innenaufnahmen: Wipplingerstraße 16. Sein photographisches Atelier. Man darf annehmen, daß der Herr Kolm zu den ersten, eifrigsten und aufmerksamsten Besuchern des »Ur-Kinos« in der Krugerstraße gezählt hat.

FRANZ GRILLPARZER
JOHANNESGASSE 6

Poetische Amtsstunden

Hier sitz' ich unter Faszikeln dicht,
Ihr glaubt: verdrossen und einsam –
Und doch vielleicht, das glaubt ihr nicht,
Mit den ewigen Göttern gemeinsam.

Der Direktor des Hofkammerarchivs, Franz Seraphim Grillparzer, scheint keine Mühe zu haben, die zwei unter einen Hut zu bringen: den *Staatsbeamten* und den *Dichter*. Wovor sich heute jeder in ähnlicher Situation ängstlich hüten würde, spricht er völlig ungeniert, ja aufsässig aus: »Ich will die Amtsstunden halten, ich will fleißig sein, aber ich nehme mir zugleich vor, jeden Tag, und zwar gerade im Amtslokale, etwas Poetisches zu arbeiten.«

Man kann das »Amtslokal« bequem besichtigen: Am Klingelbrett des Hofkammerarchivs in der Johannesgasse 6, das bis zur Säkularisierungswelle Kaiser Josephs II. ein Kloster gewesen ist (und daher bis heute den Namen Mariazellerhof führt), ist ein eigener Knopf fürs Grillparzerzimmer reserviert.

Obwohl sich angesichts eines so klangvollen Namens Grillparzers Verhalten heute jeglicher Kritik entzieht, gibt kein standesbewußter Beamter gerne zu, daß derartiges Fremdgehen im Dienst möglich ist (oder war). Der Amtsgehilfe, der mich durch die Räume im vierten Stock führt, glaubt den Dichter sogar aus eigener Kenntnis verteidigen zu müssen: »Ich habe selber vor kurzem die Präsidialakten geordnet und bin dabei auf über 600 Schriftstücke von seiner Hand gestoßen – es ist also einfach nicht wahr, daß er nichts gearbeitet hat.«

Lassen wir ihn selber darüber Auskunft geben. Klage und Dankbarkeit halten einander in seinen Tagebuchaufzeichnungen die Waage: Klage darüber, daß ihm der Amtsdienst »die kostbaren Vormittagsstunden« raube, und Dankbarkeit dafür, daß man seiner Nebentätigkeit »höheren Orts« Wohlwollen entgegenbringe. Drei von vielen typischen Eintragungen:

»Ins Bureau. Statt des Kaisers Geschäfte zu besorgen, aus dem Deutschen ins Englische übersetzt.«

»Im Büro Xenophon gelesen.«

»Um 12 Uhr ins Bureau. Keine Arbeit vorgefunden.«

Was für Arbeit wäre das denn gewesen? Der Führer deutet auf die dicken Faszikel, die in Reih und Glied die mit barockem Schnörkel verzierten Regale füllen: Reichsakten, die sogenannten Banater Akten, das Ungarische Kamerale, die Zahlamtsbücher, in denen die an die Musiker auszuzahlenden Gagen festgehalten sind. Die Depots des Hofkammerarchivs, dem Grillparzer 25 Jahre vorstand (25 von insgesamt fast 60 Jahren Dienst bei der österreichischen Finanzadministration), sind im alten Zustand erhalten geblieben und schon deshalb eine Besichtigung wert: die knarrenden Holzböden, die schlichten Arbeitstische, die düsteren Gänge zwischen den Regalreihen, die Leitern zum Erreichen der oberen Fächer. Es wundert mich nicht: Die Beamten, die hier nach dem Rechten sehen, haben gesetzlichen Anspruch auf eine Staubzulage.

Dann das Allerheiligste selbst: Grillparzers Direktorzimmer. Auffallend einfach; der Wandanstrich ist nach alten Mustern erneuert. Spitzbogenplafond, Kachelofen, Kronleuchter und Wanduhr, das Schreibpult mit in der Sitzhöhe

»Im Büro Xenophon gelesen«: Archivdirektor Grillparzer

verstellbarem Hocker, an einer der Wände eine Ahnentafel der Grillparzers.

Paul Wiegler hat in seinem schönen Buch »Tageslauf der Unsterblichen« die Originalkulisse rekonstruiert – am Beispiel eines Herbsttages anno 1852 (da ist der Dichter 61):

»Bis 1 Uhr hat er in seinem Zimmer im Hofarchiv gesessen, hinter dem langen Aktensaal und den vielen Stuben und Korridoren, nahe dem einzigen Fenster, durch das Tageshelligkeit dringt. Er hat seine Konzepte selbst ins reine geschrieben und eingelaufene Akten wie ein Subalterner gebucht. Aber dazwischen hat er im Lope de Vega gelesen.« Dann, nach Verlassen des Büros, nimmt er sein Mittagessen ein, geht spazieren, schaut in der Singerstraße bei der Kathi Fröhlich (der »ewigen Braut«) vorbei, kehrt in seinem Stammlokal, dem »Blumenstöckel«, ein und begibt sich gegen 23 Uhr, »nichts als Tabakgeruch in den Kleidern«, zur Nachtruhe in seine Wohnung in der Spiegelgasse 21, vierter Stock.

Noch vier Jahre – dann tritt Franz Grillparzer in den Ruhestand, von Kaiser Franz Joseph auf Vorschlag des Finanzministers zum Hofrat ernannt. Nun endlich hat er's schwarz auf weiß, daß das Dichten im Amt keine Verletzung seiner Dienstpflichten gewesen ist: Der Titel wird ihm aufgrund seiner »langjährigen eifrigen und ersprießlichen Dienstleistung als Staatsdiener sowie seiner seltenen und ausgezeichneten Leistungen als Schriftsteller« zuerkannt. Enttäuscht zeigen sich nur die Sprachforscher: Von einem Dichter seines Ranges hätten sie wohl erwartet, daß er während seiner Jahre im Staatsdienst den berüchtigten Kanzleistil ein wenig gesäubert hätte. Doch davon keine Spur. Eines der von Grillparzer verfertigten und unterzeichneten Schriftstücke, das sich erhalten hat, lautet wie folgt:

»Da der Grenzzoll-Aufseher N. N. jene Krankheitskosten, zu deren Bestreitung er um eine Aushilfe angesucht hat, nicht darzutun vermag, auch über denselben seines unsittlichen Lebenswandels wegen Klage geführt wird, so kann demselben eine Aushilfe nicht erteilt werden, und die Administration erhält daher sein mittelst des Berichtes vom 3. d.M. Zahl 4457/2344 vorgelegtes Gesuch samt den übrigen Berichtsbeilagen mit dem Auftrage zurück, demselben den abweislichen Bescheid zu erteilen«.

Hier reformierend einzugreifen, war ihm sichtlich nicht der Mühe wert: »In mir leben zwei völlig abgesonderte Wesen. Ein Dichter von der übergreifendsten, ja sich überstürzenden Phantasie und ein Verstandesmensch der kältesten und zähesten Art.«

ADALBERT STIFTER SEITENSTETTENGASSE 2

»Als hätte Gott gesprochen ...« – »Nie und nie in meinem ganzen Leben war ich von Schauer und Erhabenheit so erschüttert wie in diesen zwei Minuten – es war nicht anders, als hätte Gott auf einmal ein deutliches Wort gesprochen und ich hätte es verstanden.«

Adalbert Stifter nach dem Erlebnis der Sonnenfinsternis vom 8. Juli 1842.

»Es war ein so einfach Ding. Ein Körper leuchtet einen andern an, und dieser wirft seinen Schatten auf einen dritten. Aber die Körper stehen in solchen Abständen, daß wir in unserer Vorstellung kein Maß mehr dafür haben. Und ein solcher Komplex von Erscheinungen ist mit diesem einfachen Dinge verbunden, eine solche moralische Gewalt ist in diesen physischen Hergang gelegt, daß er sich unserem Herzen zum unbegreiflichen Wunder emportürmt.«

Doch überm Schwärmen (»Wäre ich Beethoven, so würde ich es in Musik sagen: ich glaube, da könnte ich es besser!«) vergißt der Dichter auch die Schilderung der äußeren Umstände des Ereignisses nicht:

»Ich stieg um 5 Uhr auf die Warte des Hauses Nr. 495, von wo aus man die Übersicht nicht nur über die ganze Stadt hat, sondern auch über das Land um dieselbe, bis zu dem fernsten Horizonte, an dem die ungarischen Berge wie zarte Luftbilder dämmern. Die Sonne war bereits herauf und glänzte freundlich auf die rauchenden Donauauen nieder, auf die spiegelnden Wässer und auf die vielkantigen Formen der Stadt, vorzüglich auf die Stephanskirche, die ordentlich greifbar nahe an uns aus der Stadt, wie ein dunkles, ruhiges Gebirge aus Gerölle, emporstand.«

Das Haus, wo der Siebenunddreißigjährige zu früher Morgenstunde mit Fernglas und anderem Gerät auf Beobachtungsposten steht, ist der berühmte Kornhäusel-Turm in der Wiener Innenstadt: Der eigentümliche, klassizistisch gegliederte, hochaufragende Blockbau mit den lukenartigen Fensterschlitzen, den sich der Architekt Josef Kornhäusel, Erbauer der benachbarten Synagoge, des Mechitaristenklosters und des Göttweigerhofs (sowie Umgestalter des Theaters in der Josefstadt), zwischen 1825 und 1827 als Logis und Atelier errichtet hat, gibt noch immer dem malerischen Altstadtwinkel zwischen Seitenstettengasse, Judengasse und Fleischmarkt ein besonderes Gepräge. Seine heutige Nutzung als Jüdisches Gemeindezentrum sichert ihm eigenen Polizeischutz.

In den Jahren 1842/43 wohnt das Ehepaar Stifter im Kornhäusel-Haus. Der Dichter hat also nicht weit, als er sich auf die Beobachtung des Naturschauspiels vom 8. Juli 1842 vorbereitet. Er ist seit kurzem wieder etwas froheren Gemüts: Während ihm noch im Vorjahr, vor Schulden außerstande, die Miete zu zahlen, die Wohnungseinrichtung gepfändet wird, kann man sich nun wieder ein Dienstmädchen leisten, und Amalie, die Gattin, kann sogar die immer wieder verschobene Reise zu ihrem Bruder antreten, der mit seiner Familie an der ungarisch-serbischen Grenze lebt. Vormittags schreibt Stifter, nachmittags malt er, nach getaner Arbeit trifft er sich im Literatencafé Neuner in der Plankengasse mit seinen Freunden. Zwischendurch gibt er Stunden: Fürs tägliche Brot muß er sich noch immer als Privatlehrer abmühen, seine Bilder finden nur gelegentlich einen Käufer.

Da freut es ihn um so mehr, daß der Verleger Gustav

Stifter mit Fernglas:
Kornhäusel-Turm, 8. Juli 1842

Heckenast in Budapest ihm den Auftrag erteilt, ein Sammelwerk »Wien und die Wiener – in Bildern aus dem Leben« herauszugeben: gleichzeitig arbeitet er an der »Narrenburg« und an der Zweitfassung der »Mappe meines Urgroßvaters«.

Das Prosastück »Die Sonnenfinsterniß«, das er seinen Beobachtungen vom Turmdach des Kornhäusel-Hauses verdankt, erscheint noch im gleichen Jahr in der »Wiener Zeitschrift für Kunst, Literatur, Theater und Mode«; später findet es Aufnahme in die »Vermischten Schriften«. Die Kritik rühmt an dem »in seiner Tiefe und Schönheit unauslotbaren« Text, er »vollbringe das Unerhörte, einen Naturvorgang mit der exakten Präzision des Wissenschaftlers und zugleich das Unsagbare, das sich dem Mittel der Sprache schlechthin entzieht, in seiner Wirkung anschaulich zu machen«. Stifter-Biograph Urban Roedl: »Die Zeit steht still, das stumme Donnerwort der Ewigkeit wird hörbar, der Kosmos wird zum Chaos und der Mensch zum Nichts. In der Beschreibung des Phänomens wird der Physiker zum Metaphysiker, und das Schauspiel enthüllt symbolischen Sinn.«

Noch etwas Weiteres vermittelt Stifters Text, und auch dies sollte man nicht geringschätzen: Er läßt uns nicht nur an dem spektakulären Naturereignis als solchem teilhaben, sondern auch daran, wie es im damaligen Wien dabei zuging:

»Die Instrumente wurden gestellt, die Sonnengläser in Bereitschaft gehalten, aber es war noch nicht an der Zeit. Unten ging das Gerassel der Wägen, das Laufen und Treiben an – oben sammelten sich betrachtende Menschen; unsere Warte füllte sich, aus den Dachfenstern der umstehenden Häuser blickten Köpfe, auf Dachfirsten standen Gestalten, alle nach derselben Stelle des Himmels blickend, selbst auf der äußersten Spitze des Stephansturmes, auf der letzten Platte des Baugerüstes, stand eine schwarze Gruppe – und wie viele tausend Augen mochten in diesem Augenblick von den umliegenden Bergen nach der Sonne schauen, nach derselben Sonne, die Jahrtausende den Segen herabschüttet, ohne daß einer dankt ...«

Und wie reagierten sie auf das, was sie zu sehen bekamen?

»Nach dem ersten Verstummen des Schrecks geschahen unartikulierte Laute der Bewunderung und des Staunens: Der eine hob die Hände empor, der andere rang sie leise vor Bewegung, andere ergriffen sich bei denselben und drückten sich, eine Frau begann heftig zu weinen, eine andere in dem Hause neben uns fiel in Ohnmacht, und ein Mann, ein ernster, fester Mann, hat mir später gesagt, daß ihm die Tränen herabgeronnen.«

REINHOLD SCHNEIDER
STUBENRING 24

Der frühe Gast – Wien-Bücher, auch solche, die das Erlebnis der Millionenstadt in einer Zwischenform von Tagebuch und Essay wiedergeben, gibt es viele. Doch Reinhold Schneiders »Winter in Wien« ist eines der gescheitesten, und nicht wenige Verehrer des Dichters stellen dieses späte Bekenntnisbuch, dessen Erscheinen der Autor selber nicht mehr erlebt hat, allen anderen Werken, die der Feder des großen deutschen Humanisten entflossen sind, voran. »Die Stadt hat mich mit einer Fülle des Menschlichen im Geschichtlichen überschüttet, auf die ich nicht vorbereitet war«, schließt Reinhold Schneider seinen Bericht. »Ich kann mich der Tränen nicht erwehren.« Es mag manchem, der dieses melancholisch zwischen Geschichtsbewußtsein und Gegenwartsinteresse balancierende Buch zur Hand nimmt, ähnlich ergehen.

Wie ist es zu diesem »Winter in Wien« gekommen? Beim Dramatikerwettbewerb der Bregenzer Festspiele wird Reinhold Schneiders Schauspiel »Der große Verzicht« mit dem ersten Preis ausgezeichnet – Sommer 1957. Im Jahr darauf wird das Burgtheater die Uraufführung einstudieren. Nach einem mehrmonatigen Aufenthalt in Wien, der einer Reihe von Besprechungen, aber auch schon erstem Kennenlernen der ihm bis dato fremden Stadt dient, entschließt sich Reinhold Schneider, schon bald wiederzukehren und das gesamte Winterhalbjahr in Wien zu verbringen: von November 1957 bis März 1958. »Wir sollten alle in Wien sein«, zitiert er – als einen der vielen, die es niemals geschafft haben, der Kaiserstadt ihre Reverenz zu erweisen – den Kollegen Christoph Martin Wieland. »Aber weder Wieland noch Klopstock noch Goethe wagten sich nach Wien.« Anders Reinhold Schneider: Die Stadt, »die Stern und Verlockung für mich war in frühesten Jahren und die zum erstenmal zu betreten ich erst diesen Sommer den Mut fand«, hat »das Netz über mich geworfen« und »zieht mich nach wenigen Monaten zurück«.

Vom Verlag Herder (dessen Wiener Filiale die Betreuung des nicht erst zu dieser Zeit schwerkranken Gastes übernimmt) dazu angeregt, führt er regelmäßig Tagebuch über seine Erlebnisse, Eindrücke, Eingebungen und Begegnungen. Als er ins heimatliche Freiburg zurückkehrt, bringt er ein umfangreiches Manuskript mit, das sofort transkribiert wird: Fünf Tage vor seinem Tod kann Reinhold Schneider seine letzte Arbeit, noch von ihm selbst korrigiert, der Druckerei übergeben.

»Was ich hier will?« fragt er, um Deutung seines Wien-Unternehmens bemüht. »Wie sollte ich das wissen? Ich bin lebenslang Regungen gefolgt, für die mir die Bezeichnung ›Ruf‹ heute zu pathetisch ist.«

Was aber dann?

»Es geht nicht um einen Austausch mit dem unauslotbaren Phänomen Wien, sondern um ein Hören, Empfangen, um die lernende Existenz in dieser Stadt.«

Und weiter:

»Es ist so schön, nicht mehr sich selber zu leben. Die Stadt spielt sich in mir ab ... Ich habe hier keine Begegnungen gesucht, wie wichtig mir auch so manche noch gewesen wäre, sondern mich der Strömung überlassen. Auch versuchte ich mir durch das Medium der Stadt und ihres geschichtlichen Klimas innerhalb der engen, mir gezogenen Grenzen die Welt zu verdeutlichen in ihrer gegenwärtigen

Phase: darüber sind neue Werte aufgetreten, viele der mitgebrachten haben sich verschoben.«

Zentrum seiner Aktivitäten ist das Café Prückel am Stubenring: Hier, an seinem Fenstersitz in der dem Dominikanerkloster, dem Lueger-Denkmal und der großen Platane zugewandten Eckloge – er nennt es selber seinen »Arbeitsplatz« –, ordnet er seine Notizen, schreibt er an seinem Manuskript. Gibt es das also doch noch: die legendäre Schriftstellerwerkstatt im Kaffeehaus ...

»Für die einsamen Arbeitsstunden, früh am Luegerplatz, wo die Dominikaner angriffsfreudig vorbeiwallen und wo ich die Freundschaft stummen Einvernehmens mit dem immer aufmerksamen Ober geschlossen habe ... hat sich mir zur Gesellschaft ein variables Kartenspiel aus Bildpostkarten zusammengefunden. Längst hat sich die Bedienung daran gewöhnt, daß ich es vor meinen Schulheften und Büchern ausbreite. Das sind die Zweifler und Frager von der Kanzel des Stephansdomes; das ist die von einem spiegelnden Saphir und Perlen gekrönte Krone Rudolfs II.; gerne lege ich neben den schmalen goldbereiften Kristall des burgundischen Hofbechers, ein Kleinod des Ordens vom Goldenen Vlies, Bruegels Babylonischen Turm.«

Aber natürlich begnügt er sich nicht mit der Versenkung in Bild und Abbild: Reinhold Schneider macht sich, zur Mittagsstunde den für ihn reservierten Platz freigebend, auch auf den Weg zu persönlichem Augenschein – zur Ikonenwand der nahen Kirche Sankta Barbara und zur Herzgruft der Habsburger, in die Handwerkergewölbe des Heiligenkreuzerhofs und zur Schausammlung des Heeresgeschichtlichen Museums, in Theater und Paläste, in Beisel und Weinkeller, zu Alexander Lernet-Holenia in die Hofburg, zu Maria Grengg nach Rodaun. Aber immer – sei es von einem Patientenbesuch im Allgemeinen Krankenhaus, einem Spaziergang am Donaukanal, einer Visite beim Für-

»Winter in Wien«: Reinhold Schneiders Kaffeehausloge

sten Schwarzenberg – kehrt er wieder an seinen »Stammplatz« im Café Prückel zurück:

»Der Blick von meinem Arbeitstisch auf das Denkmal des Bürgermeisters Lueger ist mir lieb geworden.«

Wenn ihn, seiner »bescheidenen Zeche« wegen, Skrupel überkommen, sucht er beim alten Rockefeller Beruhigung: Der »soll täglich die Terrasse seines Luxushotels betreten haben, um sich ein halbes Ei zu verordnen; dann ging er zum Golf. Gegen ihn bin ich ein Prasser.«

Sowohl im Café Prückel wie in der nahen Hotelpension Arenberg, in der Reinhold Schneider logierte, erinnert man sich noch heute, beinah dreißig Jahre später, des berühmten Gastes mit Hochachtung. Sein bescheidenes Auftreten, sein scheues Wesen, der still erduldete Verfall der körperlichen Kräfte, die sparsamen Mahlzeiten, der gebückte Gang, das frühe Erwachen: »... um halb fünf, wenn mein Tag beginnt.« Als einmal seine Schuhe zur Reparatur gebracht werden müssen, verläßt er den ganzen Tag nicht das Haus:

Ein zweites Paar zu benützen, erschiene ihm als unerlaubter Luxus. Das Porträtphoto, das er auf offizielles Drängen in einem Wiener Innenstadtatelier von sich anfertigen läßt und von dem eine Kopie neben der Rezeption seines Dauerlogis hängt, ist mit persönlichem Dank in seiner Handschrift versehen: »für die mir zuteil gewordene verständnisvolle Aufnahme, die freundliche und hilfsbereite Bedienung«.

Im Kaffeehaus (das zu jener Zeit noch um 7 Uhr aufsperrte) war er, so berichtet man, einer der ersten Frühgäste, bis zur Mittagsstunde verharrte er an seinem Platz – hierin Jahre später von einem Germanistikstudenten aus der Bundesrepublik imitiert, der sich von solchem Verhalten wohl Inspiration für seine im Entstehen begriffene Reinhold-Schneider-Dissertation versprechen mochte. Er ist nicht der einzige Literaturfreund geblieben, der sich nach der »Reinhold-Schneider-Loge« erkundigt hat, und auch das Fernsehen ist dagewesen, um aus Anlaß einer Gedenksendung an Ort und Stelle den genius loci einzufangen.

ZWISCHEN RINGSTRASSE
UND GÜRTEL

1 Josef Weinheber
2 Ludwig Wittgenstein
3 Ingeborg Bachmann
4 Anton Bruckner
5 Hans Makart
6 Albert Lortzing
7 Franz Schubert
8 Fritz von Herzmanovsky-Orlando

JOSEF WEINHEBER
HETZGASSE 2

Dichter im Büro – »Da stand ein jämmerlicher, Öde ausstrahlender Büroschreibtisch. Gegenüber den Fenstern stieg die graue, traurige Fassade eines anderen Amtsgebäudes empor. Die Amtsuhr tickte teilnahmslos. Ein leichtes Geruchsgemenge von Maschinenöl und Gulasch – die Gemeinschaftsküche lag am gleichen Gang – schwebte in der Luft, und vom Dröhnen der Dynamos im vierten Stockwerk oben war hier im zweiten ein leichtes Summen und Zittern zu spüren.«

Josef Weinheber in seinem Roman »Gold außer Kurs« über das Amtszimmer seines Helden Christian Harraser. Wie »Das Waisenhaus«, 1925 mit dem Preis der Stadt Wien für Dichtkunst ausgezeichnet, Weinhebers frühe Jugend in der Hyrtl'schen Waisenanstalt zu Mödling literarisch aufarbeitet, so ist auch »Gold außer Kurs« mit nur geringen Abstrichen ein Stück Selbstbiographie: die Darstellung seines Ringens um künstlerische Anerkennung – mit der besonderen Erschwernis, daß dieser aufstrebende Dichter im Hauptberuf Postbeamter ist. Sein Schreibtisch steht im Gebäude der »k. k. Post- und Telegraphendirektion für Österreich unter der Enns«: Wien III., Hetzgasse 2.

Über zwanzig Jahre gehört Weinheber dem Staatsdienst an: von der Ablegung der Postoffiziantenprüfung im April 1910 bis zur freiwilligen vorzeitigen Pensionierung im Zuge der Personalabbaumaßnahmen im öffentlichen Dienst, Oktober 1932. Zwar wird er vorübergehend auch an anderen

Plätzen eingesetzt (so etwa – nach einem Streit mit einem Vorgesetzten – im Postamt 102 in Ottakring, am Fleischmarkt und in der Rasumofskygasse), aber im wesentlichen bleibt doch die Hetzgasse seine Büroadresse. Hier lernt er übrigens auch seine spätere zweite Gattin kennen: die Postbedienstete Hedwig Krebs. Seine Agenden im Amt wechseln: Ist er zunächst im Störungsamt tätig, so obliegt ihm später die Telephonbuchredaktion, auch als Schalterbeamter und Inspektor wird er eingesetzt. Mit steigender Bekanntheit seines schriftstellerischen Œuvres wächst ihm außerdem noch eine inoffizielle Nebenaufgabe zu: In Streitfällen hat er als Ratgeber für sauberes Amtsdeutsch zu fungieren.

Bei dem Weinheber-Schreibtisch, der im Bezirksmuseum Landstraße ausgestellt ist, handelt es sich um den aus seiner Wiener Privatwohnung (am Rudolf-von-Alt-Platz); dessen »ärarisches« Gegenstück hat sich nicht erhalten, obwohl auch dieses seine »literarischen Weihen« empfangen hat. Denn wie schon vor ihm Grillparzer verstand es auch Weinheber sehr geschickt, seine Amtsstunden mit wohlwollender Duldung seiner Oberen für die schriftstellerische Produktion zu nutzen.

Obwohl die Postdirektion nun schon vor vielen Jahren in den ersten Bezirk übersiedelt ist, lohnt ein Lokalaugenschein in der Hetzgasse noch immer. Das alte Amtsgebäude, in dem Josef Weinheber seinen Dienst versah (und das etwa an der Stelle errichtet ist, wo sich zwischen 1755 und 1796 das berühmt-berüchtigte Hetztheater befand, ein 300 Zuschauer fassender offener Holzbau, Schauplatz der einst so beliebten Tierhetzen), ist nach wie vor in Gebrauch. Der 1903 errichtete Bau, dessen Erstellungskosten die »Österreichische Wochenschrift für den öffentlichen Baudienst« mit über 1 Million Kronen bezifferte (Baubeschreibung: »Die Fassaden sind einfach, aber würdig gehalten«),

»Knapp rette ich mich in mein Amt«:
Weinhebers Bürojahre in der Hetzgasse

beherbergt heute das Bundesstrombauamt, die Berghauptmannschaft Wien sowie die Bundesbaudirektion für Wien, Niederösterreich und das Burgenland. Und in der parallel zur Hetzgasse verlaufenden Kolonitzgasse hält – in Gestalt der Telegraphenzeugabteilung – nach wie vor die Post die Stellung.

Wer Weinhebers Werk auf offene oder versteckte Hinweise auf seine Bürojahre in der Hetzgasse durchforstet, wird auf mannigfaltige Weise fündig – auch in seiner Lyrik:

Knapp rette ich mich in mein Amt.
Umsonst stell' ich mich blind.
Gott will, daß wir hier allesamt
gelernte Grüßer sind.

Der Torwart grüßt den Offizial,
der Offizial den Rat.
Erst jener Höchste hat die Qual,
der keinen Höhern hat.

Der grüßt in seinem Zimmer stumm
des Allerhöchsten Bild.
Es lächelt wie ein Heiligtum
aus einem Vollbart mild.

Vergebens! Ich entrinne nicht.
So grüß ich für und für,
was steht im Gehn, was stelzt und kriecht,
die Wand – den Gang – die Tür.

Dann sitz ich endlich qualverknorrt
an meiner Schreibtischgruft.
Gemeinschaftsküche und Abort
bestimmen hier die Luft.

Mit galligem Humor schildert Weinheber den Büroalltag: das freudlose Miteinander mit den »bestgehaßten Amtsbrüdern«, das verstohlene Verstauen des in einem »blauen

Mehlsackerl« eingepackten Jausenbrots in der Schreibtischlade, die vorzeitige Einstimmung auf den ungeduldig herbeigesehnten Feierabend, das Ordnen von Aktenstoß, Tintenzeug und Löschwiege, das elende Amtsdeutsch, dessen er sich beim Bearbeiten der »Geschäftsstücke« zu bedienen hat: »widrigenfalls« und »auftragsgemäß«, »unter einem« und »zufolge«, »angebogen« und »dortamts«.

Freundlicher nimmt sich das Leben in der Postdirektion in der Erinnerung der Kanzleibeamtin Maria L. aus, die viele Jahre mit Weinheber das Bürozimmer in der Hetzgasse geteilt und mir vor ihrem Ableben darüber zu Protokoll gegeben hat:

»Mir oblag es, Weinhebers Gedichte auf der Schreibmaschine abzutippen und an diverse Zeitungen zu versenden. Sämtliche Kollegen der Abteilung – mit ihm zusammen waren wir zwölf – freuten sich, wenn es mit der Veröffentlichung klappte, und nicht selten wurde das Ereignis mit belegten Brötchen und Wein gefeiert. Natürlich erst nach Dienstschluß! Wir waren eine verschworene Gemeinschaft, die auch im Privatleben kaum Geheimnisse voreinander hatte: Bedrückte einen von uns irgend etwas, so wurde es offen besprochen und wo möglich wieder ins Lot gebracht. Als Weinheber einmal – ich glaube, es war von der Stadt Rothenburg ob der Tauber – einen kleinen Preis erhielt, hat er ihn kurzerhand in Wein umgerechnet – die 88 Liter wurden dann im Lauf der Zeit im Büro aufgebraucht. Zum Dank für meine Abschreibarbeit widmete er mir eine Terzine mit meinen Initialen ...«

LUDWIG WITTGENSTEIN
KUNDMANNGASSE 19

Hausgewordene Logik – »Ich will bei kärglichem Lohn anständige Arbeit verrichten und dann einmal als anständiger Mensch sterben.« Also sattelt Ludwig Wittgenstein, nach der Rückkehr aus dem Ersten Weltkrieg an der Schwelle seiner philosophischen Karriere stehend, um und läßt sich zum Dorfschulmeister ausbilden. Trattenbach, Haßbach und Puchberg sind die ersten Stationen. In Otterthal spitzen sich die Konflikte des wohl allzu Anspruchsvollen mit den Eltern seiner Schüler in einer Weise zu, daß ihm der Abschied vom Schuldienst geboten erscheint. Der Sohn aus reichem Haus, vorübergehend mit dem Eintritt in ein Mönchskloster liebäugelnd, verdingt sich als Hilfsgärtner bei den Barmherzigen Brüdern in Hütteldorf.

Es ist die Zeit, da Ludwigs ältere Schwester Margarete Stonborough einen Hausbau plant. In der Kundmanngasse im 3. Bezirk (wo Ludwig seinerzeit die Lehrerbildungsanstalt besucht hat) erwirbt die – im Gegensatz zu ihrem spartanisch lebenden Bruder – an äußersten Luxus gewöhnte grande dame (die sowohl von Gustav Klimt wie von Anton Hanak porträtiert worden ist) ein 3000 Quadratmeter großes Areal. Der mit den Wittgensteins befreundete Architekt Paul Engelmann soll auf den ehemaligen Gründen einer Gärtnerei zwischen Kundmann-, Park- und Geusaugasse eine Großvilla errichten, die Margarete Stonboroughs Lebensstil entspricht: im Erdgeschoß die Gesellschaftsräume, ihre eigene Wohnsuite und das Arbeitszimmer des Haus-

Der Philosoph als Architekt: Das Wittgenstein-Haus in der Kundmanngasse

herrn, in den beiden oberen Etagen die Gemächer des Hausherrn, die Kinder-, Gäste und Dienerzimmer. Dazu Portierloge und Park. Das im Haus untergebrachte Personal umfaßt eine Chefköchin, zwei Küchenhilfen, drei Dienstmädchen, eine Sekretärin, eine Kammerzofe, eine Gouvernante, einen Chauffeur, ein Dienerehepaar und einen Portier.

Schon während seiner Lehrtätigkeit in Niederösterreich läßt Ludwig Wittgenstein, der zwar kein ausgebildeter Architekt ist, aber einige Semester Technische Hochschule hinter sich hat, in seiner Korrespondenz mit Paul Engelmann erkennen, daß ihn der Bau eines Wohnhauses »sehr interessieren« würde. Als man einander später – der Loos-Schüler Engelmann sitzt nun schon über den Plänen des Stonborough-Hauses – in Wien trifft, gibt Wittgenstein dem Freund so vortreffliche Ratschläge, daß dieser ihn zur Mitarbeit einlädt und ihm schließlich überhaupt die Führung überläßt. Auch der Bauherrin ist es recht: So kann sie ihrem Bruder über die schwere Lebenskrise hinweghelfen, in der er seit seinem Scheitern als Volksschullehrer steckt. Die am 13. November 1926 eingereichten Baupläne sind noch von beiden, alle späteren Plandokumente nur mehr von Wittgenstein allein unterfertigt.

Mit unerbittlicher Präzision und leidenschaftlichem Stilwillen macht sich der Siebenunddreißigjährige an die Arbeit; ein weiteres der acht Wittgenstein-Geschwister, Hermine, berichtet darüber später:

»Ludwig zeichnete jedes Fenster, jede Tür, jeden Riegel der Fenster, jeden Heizkörper mit einer Genauigkeit, als wären es Präzisionsinstrumente. Ich glaube noch den Schlosser zu hören, der ihn anläßlich eines Schlüsselloches fragte: ›Sagen Sie, Herr Ingenieur, kommt es Ihnen denn wirklich auf den Millimeter an?‹, und noch ehe er ganz ausgesprochen hatte, fiel ein lautes, energisches ›Ja‹, so daß der Mann beinahe erschrak. Ja, Ludwig hatte ein so empfindliches Gefühl für Maße, daß es ihm oft auf einen halben Millimeter ankam. Zeit und Geld durften keine Rolle spielen, und ich bewundere meine Schwester Gretl, die ihm in dieser Beziehung völlig freie Hand ließ. Zwei große Menschen waren da als Architekt und Bauherr zusammengekommen, und so konnte bei diesem Bau etwas in seiner Art Vollendetes geschaffen werden.«

Als der Bau abgeschlossen und schon die Reinigungsbrigade bestellt ist, läßt Wittgenstein, auch diesen spät entdeckten Schönheitsfehler nicht duldend, den Plafond eines Zimmers um drei Zentimeter heben, und mit einem der rückseitigen Stiegenfenster ist er so unzufrieden, daß er deswegen eigens in der Lotterie setzt: Hätte er den Haupttreffer gemacht, so wäre dieses Geld (so hat er später gestanden) für diese »Korrektur« bestimmt gewesen.

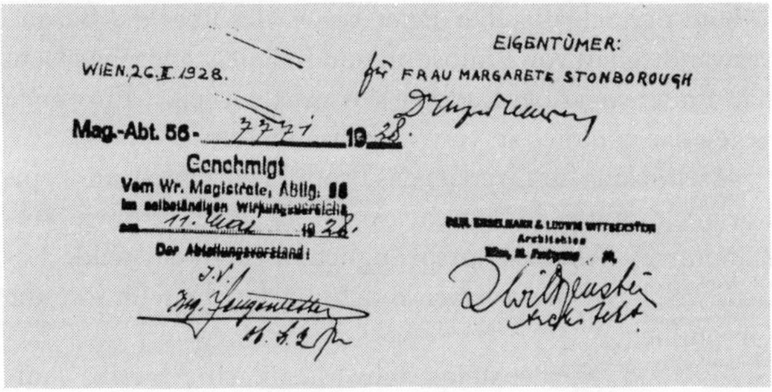

1928 zieht die Familie Stonborough in der Kundmanngasse ein; ihre exquisite Sammlung von Plastiken, von französischen und chinesischen Antiquitäten und von Möbeln der Wiener Werkstätte macht den einer kubischen Festung gleichenden Bau mit der asketischen, ockergelb eingefärbten Fassade, den extrem hohen, nur senkrecht gegliederten Fenstern sowie den unkonventionell angeordneten und schmucklos-streng gestalteten Räumen auch in seinem Innern zu einer der durchdachtesten architektonischen Schöpfungen im Wien der Zwischenkriegszeit.

Doch es gibt auch Vorbehalte – und nicht nur unter den reaktionären Zeitgenossen, auch unter den Wittgensteins selbst. Hermine Wittgenstein hat es so ausgedrückt:

»Wenn ich das Haus auch noch so sehr bewunderte, wußte ich doch immer, daß ich selbst es weder bewohnen wollte noch könnte. Es schien mir viel eher eine Wohnung für die Götter zu sein als für eine kleine Sterbliche, wie ich es bin, und ich hatte zuerst sogar einen leisen inneren Widerstand gegen diese ›hausgewordene Logik‹, wie ich es nannte. Zu meiner Schwester Gretl aber paßte das Haus wie der Handschuh auf die Hand, als sie es erst einmal auf ihre ganz eigenartige Weise eingerichtet hatte und es mit ihrer Persönlichkeit erfüllte.«

Und der Schriftsteller Peter Rosei, der über die Berufsverwandtschaft von Philosoph und Baumeister nachgedacht hat, findet sogar bei Ludwig Wittgenstein selbst Einwände gegen das von diesem verwirklichte Projekt:

»Mein Haus für Gretl ist das Produkt entschiedener Feinhörigkeit, guter Manieren, Ausdruck eines großen Verständnisses. Aber das ursprüngliche Leben, das wilde Leben, welches sich austoben möchte, fehlt. Es fehlt ihm die Gesundheit.«

Als 1940 Wittgensteins Schwester nach Amerika emigriert, wandert das Inventar des »Palais Stonborough« (in dem sowohl Teppiche wie Vorhänge wie Lüster verpönt sind) ins Depot und wird dort während des Zweiten Weltkrieges ein Opfer der Bomben. Heereslazarett des Roten Kreuzes, Russenquartier und Heimkehrermeldestelle – das sind die nächsten Stationen. 1947 kehrt die Hausherrin nach Wien zurück und richtet den verwüsteten Besitz ein zweites Mal ein. Nach ihrem Tod (1958) geht er an ihren Sohn über, der das Grundstück 13 Jahre später an einen Bauunternehmer veräußert. Das Wittgenstein-Haus ist vom Abbruch bedroht, man spricht von einem Hotelneubau. In der in- und ausländischen Presse setzt daraufhin eine Kampagne zu seiner Rettung ein – mit dem Erfolg, daß das Objekt unter Denkmalschutz gestellt wird.

1975 übernimmt die Volksrepublik Bulgarien das Wittgenstein-Haus, veranlaßt seine Instandsetzung und quartiert sein Kulturinstitut darin ein. Und mag sich inzwischen auch schon mancher neue Schaden an seinem Gemäuer bemerkbar machen, so muß man doch anerkennen, daß es dank dieser Umwidmung nunmehr der Öffentlichkeit zugänglich ist – und sei es auch nur auf dem Umweg über Ausstellungen oder andere Veranstaltungen. Im übrigen wissen die neuen Hausherren, was sich gehört: Auf dem Rasen vorm Portal halten zwar Kyrill und Method, überlebensgroße Figuren der beiden Slawen-Apostel, Wache, aber schon in der Eingangshalle hängt ein Wittgenstein-Relief an der Wand. Stifterfiguren in freundlicher Koexistenz.

INGEBORG BACHMANN
UNGARGASSE 9

Bürgerinitiative mit »Malina« – Wer sich im Wien der Ingeborg Bachmann umsehen will, braucht für kein großes Unternehmen zu rüsten: Alles liegt dicht beisammen, nur wenige Gehminuten voneinander entfernt. Sie selber spricht in ihrem 1971 erschienenen Roman »Malina«, der unter anderem ihre Wiener Wohnvergangenheit der Nachkriegsjahre (als Studentin, Psychiatrie-Praktikantin und Redakteurin beim Sender Rot-Weiß-Rot) aufarbeitet, von der »Einheit des Ortes«, und eine Bachmann-Biobibliographie zeigt die vier Häuser, um die es dabei geht, hübsch der Reihe nach im Bild: Beatrixgasse 26, wo sie bis 1949, und Gottfried-Keller-Gasse 13, wo sie bis 1953 gelebt, sowie Ungargasse 6 und Ungargasse 9, wo sie die Hauptperson aus dem Buch »Malina« angesiedelt hat. Realität und Fiktion in engster Verflechtung – denn es ist das immer gleiche »Grätzel« im dritten Bezirk: das Dreieck Heumarkt – Ungargasse – Modenapark.

Daß Ingeborg Bachmann ihr Wohnrevier – bis zur konkreten Benennung tatsächlich existierender Häuser – als Romanschauplatz verwendet, liegt nicht nur daran, daß sie sich hier »auskennt«. Als quasi »wertfreies« Areal, das mit keinerlei Besonderheiten oder gar Sehenswürdigkeiten belastet ist, empfiehlt es sich ihr als das ideale Arbeitsmaterial: eine Kulisse, vor der sie, unbehindert von Versatzstücken, ihre Fabel abrollen lassen kann. Ingeborg Bachmann über die Ungargasse: »Ein Fremder wird sie nie zu Gesicht be-

»Dieses Gefühl von Nachhausekommen«: Ingeborg Bachmann

kommen, weil es in ihr nichts zu besichtigen gibt und man hier nur wohnen kann.«

Die Wiener Bezirkstopographie verdankt der Dichterin also die minutiöse Schilderung eines Viertels, das ohne sie weiterhin unbeachtet geblieben wäre. Vor allem die Ungargasse hat es der Autorin und Ich-Erzählerin angetan: Immerzu ist sie in deren »Magnetfeld« – ob sie über die Freyung geht, am Graben einkauft, zur Nationalbibliothek schlendert oder im Kaffeehaus sitzt. Sie gibt zu: »Noch nie hat jemand behauptet, die Ungargasse sei schön.« Und doch: »Nach dem Heumarkt steigt mein Blutdruck, und

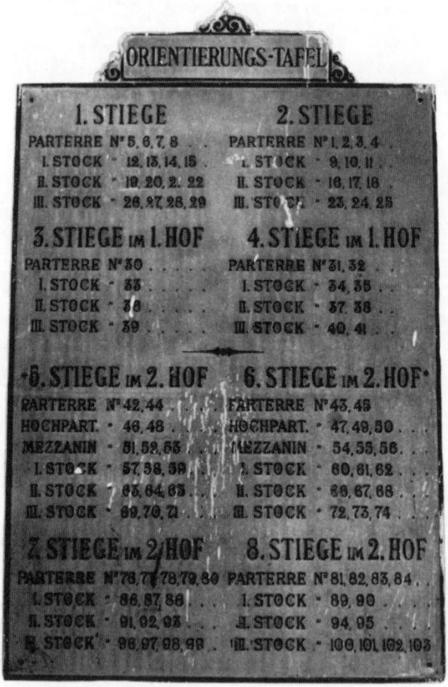

Im Haus Beatrixgasse 26,
Ingeborg Bachmanns Nachkriegsadresse

zugleich läßt die Spannung nach, der Krampf, der mich in fremden Gegenden befällt, und ich werde ganz still und dringlich vor Glück. Nichts ist mir sicherer als dieses Stück der Gasse; bei Tag laufe ich die Stiegen hinauf, in der Nacht stürze ich auf das Haustor zu, mit dem Schlüssel schon in der Hand, und wieder kommt der bedankte Moment, wo der Schlüssel sperrt, das Tor aufgeht, und dieses Gefühl von Nachhausekommen, das überschwemmt mich in der Gischt des Verkehrs und der Menschen schon in einem Umkreis von hundert, zweihundert Metern.«

Ingeborg Bachmann rühmt an der Ungargasse ihre

»nützlichen« alten Gasthäuser und Cafés, ihre »brauchbaren« Garagen, Apotheken und Trafiken, die Güte ihrer Bäckereien, die Großzügigkeit ihrer Parkplätze. Und sie mokiert sich über ihre »Anstrengungen«, sich – etwa auf der Höhe des Italienischen Kulturinstituts – »zu nobilitieren« und ihre historische Funktion als Herberge der aus Ungarn einreisenden »Kaufleute, Pferde-, Ochsen- und Heuhändler« hervorzukehren. Vor allem aber: Kein zeitgenössischer österreichischer Schriftsteller hat mit solcher Sensibilität das Bergende, das Schützende, das Beruhigende des eigenen Wohnhauses dargestellt wie sie.

Da ist es dann nur logisch, daß sie, so oft sie der Weg an ihrer früheren Adresse vorüberführt, das schlechte Gewissen plagt: »bedrückt und schuldbewußt wie ein Hund, der seinen Herrn gewechselt hat, seinen alten wiedersieht und nun nicht weiß, wem er mehr Anhänglichkeit schuldet«.

Nicht ahnen konnte Ingeborg Bachmann, daß sie mit einer ihrer Hausbeschreibungen in dem Roman »Malina« einer jüngst in die Wege geleiteten Bürgerinitiative in die Hand arbeiten würde. Als sich die Mieter des vormals prachtvollen, nun aber im höchsten Grade sanierungsbedürftigen Hauses Ungargasse 9 aus Zorn über dessen fortschreitenden Verfall mit Eingaben an die Behörden wandten sowie mit Transparenten, Trauerfahnen und Unterschriftenlisten an die Anrainer und Passanten, versäumten sie nicht, auf die besondere Kulturschande hinzuweisen, die darin bestehe, ein auch literarisch derart prominent verewigtes Gebäude verrotten zu lassen. Ihr Aufbegehren hatte Erfolg: Die überfällige Renovierung ist inzwischen vollzogen.

ANTON BRUCKNER
OBERES BELVEDERE

Kaiserliches Ehrenlogis – Das dritte Jahr ist er nun schon in Pension als Hoforganist, auch die Feiern zum 70. Geburtstag liegen hinter ihm, zu den chronischen Leiden – Herzschwäche, Leberschaden und Diabetes –, die seine Ärzte ziemlich mutlos machen, ist noch eine schwere Rippenfellentzündung getreten. Professor Leopold von Schrötter und sein Assistent Dr. Richard Heller lassen wissen, es wäre ratsam, den Patienten in eine Wohnung umzuquartieren, in der ihm jegliches Treppensteigen erspart bleibt.

Anton Bruckners Freunde machen sich also auf die Suche, im Oberen Belvedere werden sie fündig: Die neun Räume im linken Flügel des Kustodenstöckls an der Ostflanke des Schlosses stehen leer; Erzherzogin Valerie, die als Vermittlerin eingeschaltet wird, kann den Kaiser dafür gewinnen, sie dem schwerkranken Komponisten zur Verfügung zu stellen – ehrenhalber, also ohne Mietzins. Die Hofgärtnerei sorgt für laufend erneuerten Blumenschmuck.

Im Sommer 1895 zieht Bruckner ein. Seitdem er keinerlei Reisestrapazen mehr auf sich nehmen kann, also der geliebten oberösterreichischen Heimat fernbleiben muß, weiß er die neue Umgebung doppelt zu schätzen: die ebenerdigen Gemächer, den prachtvollen Park. Katharina Kachelmayer kocht ihm seine Leibgerichte, die Ärzte sehen – an besonders kritischen Tagen sogar mehrmals – nach dem Rechten, der Kaplan vom Belvedere, Pater Witsch, steht für den Ernstfall mit den Sterbesakramenten bereit. Den frühmor-

Das letzte Bild: Anton Bruckner mit Hausarzt und Haushälterin vor seiner Wohnung im Belvedere

gendlichen Stammbesuchern des Schloßparks ist die rührend-hinfällige Gestalt des Alten mit dem hochgeschlossenen Überrock, dem schwarzen Hut und dem silbergriffverzierten Spazierstock bald ein vertrauter Anblick; die Bank, die er fürs Ausrasten bevorzugt, bekommt den Namen »Bruckner-Bankerl«.

Größere Distanzen kann Anton Bruckner nun nicht mehr zu Fuß zurücklegen: Als er am 12. Jänner 1896 zum letzten Mal einer Aufführung eines seiner Werke beiwohnt – die Wiener Philharmoniker spielen unter der Leitung Richard von Pergers das »Tedeum« –, muß er mit dem Tragsessel in den Konzertsaal gebracht werden (und anschließend zurück ins Belvedere).

Seit Mai arbeitet er am Finale der Neunten Symphonie –

in seine vehementen Gebete, für die der »Musikant Gottes« berühmt ist, schließt er auch die Sorge um die Vollendung seines letzten Werkes ein: »Lieber Gott, laß mich bald gesund werden. Schau, ich brauch ja meine Gesundheit, damit ich die Neunte fertigmachen kann.« Um seiner Bitte Nachdruck zu verleihen, schließt er mit einem dreifachen »Amen« und schlägt sich dabei mit beiden Händen auf die Schenkel – Bruckners Gebetsrituale sind ein Kapitel für sich. Als er einmal – es ist schon in seinen letzten Lebensmonaten – wegen allzu lauten Betens während der Messe zur Rede gestellt wird, zeigt er sich aufs äußerste aufgebracht.

Zum religiösen Eifer, der sich bis zu Wahnvorstellungen steigern kann, treten zuletzt auch – im Umgang mit seiner unmittelbaren Umgebung – Momente partieller geistiger Verwirrung. Bruckners Biograph Max Auer berichtet darüber:

»Als man ihm am Sonntag, den 19. Juli, wegen starken Regens und empfindlicher Kälte den von ihm verlangten Kirchenbesuch verweigerte, glaubte er, man wolle ihn seiner Freiheit berauben. Als der Arzt kam, bat er diesen inständig, ihm ein Zeugnis auszustellen, daß er immer frei sei. Dr. Heller schrieb dann folgende Zeilen in dreifacher Ausfertigung, um den Kranken zu beruhigen: ›Nachdem Herr Prof. Dr. Anton Bruckner sich bis in sein hohes Alter um die Kunst hochverdient gemacht hat, soll er immer seine volle Freiheit haben und überhaupt sein ganzes Leben voll und voll genießen.‹ Die letzten Worte ›voll und voll genießen‹ hatte Bruckner selbst mit Nachdruck diktiert. Die Freude über dieses ›unschätzbare Dokument‹ bekundete der Meister durch Umarmung und Kuß. Schließlich versprach er dem Arzt, für ihn einen Choral zu komponieren, womit er auch am folgenden Tag begann. Leider ist diese Skizze bis heute nicht aufgefunden worden.«

In jenen Julitagen, da den knapp Dreiundsiebzigjährigen

auch noch eine schwere Lungenentzündung heimsucht, verbreitet sich das Gerücht, Anton Bruckner liege im Sterben. Zum Erstaunen der Ärzte, die ihn tatsächlich bereits aufgegeben haben, kann er jedoch nach einigen Tagen wieder aufstehen, und sogar das berühmte letzte Photo – Bruckner zusammen mit seinem Bruder Ignaz, seiner Haushälterin und seinen Ärzten vorm Haustor – kommt noch zustande. Es zeigt den Komponisten jämmerlich abgemagert, nur die Hosenträger halten das viel zu weite Beinkleid halbwegs am Körper.

Der beginnende Herbst sieht den Patienten gleichwohl wiederholt auf kleinen Spaziergängen im Schloßpark. Am 11. Oktober, einem Sonntag, rät der Arzt dringend davon ab, das Haus zu verlassen: Es weht ein kühler Wind. Bruckner verharrt am Klavier und arbeitet am Schlußsatz der Neunten. Als ihn plötzlich ein Kältegefühl überkommt, wird ihm ein heißer Tee zubereitet, den er auch noch genüßlich zu sich nimmt, dann tritt der Tod ein.

Wie im Testament verfügt, wird der Leichnam einbalsamiert und nach einer Trauerfeier in der Karlskirche, an der fast vollzählig die Wiener Musikprominenz teilnimmt, nach Oberösterreich überführt und in einem freistehenden Sarkophag unter der Orgel der Stiftskirche von St. Florian beigesetzt. Seine Geschwister Ignaz und Rosalia sind die Universalerben, die getreue Wirtschafterin Katharina Kachelmayer findet sich mit einem Legat von 700 Gulden bedacht, die Musikmanuskripte gehen an die k. k. Hofbibliothek.

Das Sterbehaus im Park des Oberen Belvedere ist seit dem 11. Oktober 1921 (dem 25. Todestag) mit einer Gedenktafel gekennzeichnet, und emphatische Bruckner-Verehrer, denen dies nicht genügt, bringen von Zeit zu Zeit, wenn die Parkwächter außer Sichtweite sind, persönliche »Ergänzungen« an: Blütenkränze, Musiknoten-Sgraffiti. Doch das wohl ergreifendste Bruckner-Memorial in Wien findet sich an ganz anderer Stelle: auf der Empore der Piaristenkirche im Bezirk Josefstadt. An der dortigen Orgel, die noch heute für ihre Klangschönheit berühmt ist, hat der Siebenunddreißigjähre über eigenen Wunsch eine »praktische Kompositionsprüfung« abgelegt, deren Ergebnis der spätere Hofkapellmeister Johann Herbeck in die denkwürdigen Worte gefaßt hat: »*Er* hätte *uns* prüfen sollen.«

HANS MAKART
GUSSHAUSSTRASSE 25

Lebende Bilder – Wenn man am Ende der Gußhausstraße, dort wo sie in die Favoritenstraße einmündet, das Gelände des alten Elektrotechnischen Instituts der Technischen Universität inspiziert, um den bekannten Photographien vom Makart-Atelier, das sich bis zu seiner Demolierung im Kriegsjahr 1916 hier befunden hat, einen Hauch von Dreidimensionalität hinzuzufügen, sollte man nicht vorschnell resignieren. Gewiß, der historische Bau der k. k. Kanonengießerei von 1750, in dem im folgenden Jahrhundert, nun zur Kunstgießerei umgewandelt, so berühmte Denkmäler wie Fernkorns Prinz-Eugen- und Erzherzog-Carl-Statue auf dem Wiener Heldenplatz entstanden sind und in dem Kaiser Franz Joseph dem 1869 nach Wien berufenen Historienmaler Hans Makart eine der Werkhallen als Staatsatelier überlassen hat, steht nicht mehr. Die zu seiner Zeit berühmteste Künstlerwerkstatt Wiens, die sich durch ihre legendären Atelierfeste den Rang einer Kultstätte der Ringstraßenära erworben hat (und die zu bestimmten Stunden auch für allgemeine Besichtigung offenstand), ist 32 Jahre nach Makarts Tod abgerissen worden, um Neubauten der Technischen Universität Platz zu machen.

Das kostbare Inventar war sogar schon unmittelbar danach – bei Makarts Aufbahrung im Atelier konnten die vielen Tausend, die von ihm an Ort und Stelle Abschied nahmen, zum letztenmal einen Blick auf die Herrlichkeiten werfen – in alle Winde zerstoben: Der Familie des Frühverstorbenen war unter der Last der hinterlassenen Schulden nichts anderes übriggeblieben, als die Einrichtung des Makart-Ateliers weit unter ihrem Wert versteigern zu lassen (und bisweilen – wie etwa der elfenbeinintarsierte Ebenholztisch in der Ausstellung »Traum und Wirklichkeit« – tauchen einzelne der in Privatbesitz übergegangenen Stücke auch heute noch auf).

Aber auch von den *Räumlichkeiten*, die in Dimension wie Ausstattung der Residenz eines verschwenderischen Renaissancefürsten glichen, hat sich ein Relikt erhalten, von dem nur Eingeweihte wissen: das *Wohnhaus* des Künstlers. Der edle zweistöckige Bau im Hof des TU-Geländes, nach Makarts Tod zunächst das Institut für Gas- und Feuerungstechnik beherbergend, dient heute der Technischen Versuchs- und Forschungsanstalt.

Übrigens – wenn man den Dingen weiter auf den Grund geht, wird man an eine zweite, nicht minder interessante Künstler-Vita erinnert: Vor Makart hat im gleichen Haus der berühmte, aus Thüringen stammende Bildhauer Anton Dominik Fernkorn gewohnt. Der Schwanthaler-Schüler, den Kaiser Franz Joseph I. für seine monumentalen Bronzegußwerke – Spezialität: Reiterstandbilder – in den Ritterstand erhoben hat, verfiel 1868 dem Wahnsinn, mußte in eine Irrenanstalt eingeliefert werden und ermöglichte so dem im Jahr darauf nach Wien berufenen Hans Makart den Einzug ins Gußhaus-Areal.

Makart, ein Mann der großen Geste, im künstlerischen Anspruch so maßlos wie im Lebensstil, beließ es freilich nicht dabei: Die nüchterne Werkhalle der Kunsterzgießerei wandelte er in ein luxuriös ausgestattetes Maleratelier um, dem er 1872 einen separaten Anbau folgen ließ, und als ihm die Inszenierung des Huldigungsfestzuges zur Silberhochzeit des Kaiserpaares anno 1879 übertragen wurde, gründete er, ebenfalls auf dem Gußhausgelände, eine eigene

Rausch der Farben und der Sinne: Makarts Atelier

Schneiderwerkstatt, in der, nach seinen Entwürfen und unter seiner Oberaufsicht, jene vielen hundert Kostüme, Fahnen und Standarten angefertigt wurden, die dem einzigartigen Spektakel sein Gepräge gaben. Eduard Stadlin, der Kostümbildner des Burgtheaters, war dabei seine rechte Hand.

Emil Pirchan berichtet, wie der Meister, der vom gefeierten, von Großbürgertum und Aristokratie mit Aufträgen überschütteten Historienmaler längst zum Staatskünstler, Geschmacksidol und Modediktator aufgestiegen war, selbst in den kleinsten Detailfragen persönlich eingriff – bis zum Ärmelschnitt einer Robe: »Ohne ein Wort zu verlieren, legte er von den kostbaren Brokaten, die im Atelier aufgestapelt waren, einige aus, nahm eine Schere und schnitt beherzt, ohne aufzuzeichnen, eine unglaubliche Form heraus.«

Als man, im Jahr nach seinem Tod (Makart wurde nur 44 Jahre alt), sein Atelier auflöste und die Versteigerer in Aktion traten, kamen an die 200 wertvolle Kostüme, erlesenste exotische Textilien und Unmengen historisierender Zutaten wie Federn und Bordüren, Stickereien, Spitzen und Posamenterie zum Vorschein: Überbleibsel nicht nur des Kaiserfestzuges, sondern auch jener rauschenden Atelierfeste, zu denen sich die Wiener Gesellschaft seiner Zeit (die nicht umsonst den Namen Makart-Zeit angenommen hat) in der Gußhausstraße einfand (zum Beispiel anno 1875 zu Ehren Richard Wagners). Es war ja gerade das Besondere dieser Lustbarkeiten, daß ihre Teilnehmer in Kostümen auftraten, die Makarts eigenem Fundus entstammten. Lebende Bilder à la Rubens waren nur eines von vielen Experimenten, freilich das üppigste.

Wer sich für das Werk des *Malers* Hans Makart interessiert, hat es vom Gußhaus-Atelier nicht weit: Das Historische Museum der Stadt Wien und die Österreichische Galerie im Oberen Belvedere sind die wichtigsten Adressen. Und wem auch das nicht genügt, der sehe sich noch im Kunsthistorischen Museum, im Museum für angewandte Kunst, im Niederösterreichischen Landesmuseum und in der Hermesvilla um. Daß dem gebürtigen Salzburger auch im Museum Carolino Augusteum seiner Vaterstadt angemessen gehuldigt wird, versteht sich von selbst.

ALBERT LORTZING
FLEISCHMANNGASSE 1

Beim Milchmeyer – Es ist eine alte Streitfrage, ob es zum Verständnis eines Kunstwerks genügt, sich dessen Genuß hinzugeben, oder ob man sich auch für die Umstände seiner Entstehung zu interessieren hat. Hat man von Beethovens »Missa solemnis« mehr, wenn man weiß, daß ein Tauber sie geschrieben hat?

Das gegenständliche Kapitel (in dem es um den deutschen Opernkomponisten und Theaterkapellmeister Albert Lortzing, seine Wiener Jahre und seinen – jawohl, Sie lesen richtig: Kuhstall auf der Wieden geht) bestärkt mich in der Ansicht, wir seien es den Künstlern, an deren Schöpfungen wir uns erfreuen, schuldig, auch für die Schwierigkeiten, mit denen sie sich herumzuschlagen hatten, ein Ohr zu haben.

Lortzing ist ein Schulbeispiel dafür, wie riskant es ist, vom Werk eines Künstlers auf dessen persönliche Lebensumstände zu schließen: Der Komponist so heiterer Spielopern wie »Zar und Zimmermann«, »Der Wildschütz« und »Der Waffenschmied« hat selber wenig zu lachen gehabt – und am wenigsten in Wien. Als man im Jahr 1950 an seinem von den Bombenschäden des Zweiten Weltkrieges befreiten Wohnhaus in der Fleischmanngasse (Ecke Wiedner Hauptstraße) eine Reliefplastik anbrachte, die Lortzing in der Rolle des Waffenschmieds zeigt (den er als vollausgebildeter Schauspieler und Sänger in der Tat hätte spielen können), wurde dies in den Begleitworten des Festaktes ausdrücklich als späte Geste der Wiedergutmachung gewürdigt. Es sollte mehr werden als nur das übliche Porträtmedaillon, sollte statt eines Künstlerkopfes, den keiner recht kennt, das Werk *selbst* illustrieren, und da es in Wien »Der Waffenschmied« gewesen war, der sich von hier aus die Bühnen erobert hatte, entschied man sich für dieses Motiv.

1846. Albert Lortzing, dessen »Zar und Zimmermann« das Hofopernpublikum im Kärntnertortheater entzückt, wird von Franz Pokorny, dem Direktor des Theaters an der Wien, eingeladen, auf seiner Bühne den »Waffenschmied« aus der Taufe zu heben und gleichzeitig zwei Jahre als Theaterkapellmeister zur Verfügung zu stehen. Die Vorfreude auf die neue Wirkungsstätte ist groß: »Gott, wie miserabel kommt mir jeder vor, der nicht in Wien engagiert ist!« schreibt er voll Übermut an einen seiner Freunde.

Das Haus, in dem Lortzing Quartier nimmt, ist ein stattlicher Neubau; aus dem hohen Jahreszins von 520 Gulden ist zu schließen, daß es sich um eine geräumige Wohnung (vermutlich im zweiten Stock) handelt. Als die Übersiedlung des Leipziger Hausrats nach Wien besorgt ist, läßt er – zwei Monate später – die Familie nachkommen: seine Frau Rosina, seine sechs Kinder, seine Mutter. Im Hof können die Kinder spielen, im Stall sind die Kutschpferde, im Schuppen die Equipage untergebracht.

Der erste Schicksalsschlag, der Lortzing an seinem neuen Wohnort heimsucht, ist der plötzliche Tod seiner Mutter – und fast mehr noch die unwürdigen Umstände ihrer Beisetzung: »Fünf unserer Bekannten folgten dem Sarge. Auf dem Kirchhof angelangt, wurden die teuren Überreste ohne Sang und Rede still versenkt. Keiner gedachte der Tugenden der Verblichenen. Wir beteten still, warfen eine Handvoll Erde auf den Sarg, und nun wurde drauflos geschaufelt. So begräbt man im gemütlichen Wien ...« Einziger Trost: Auf

Fleischmanngasse 1:
Lortzing als »Waffenschmied«

demselben (dem Matzleinsdorfer) Friedhof findet Lortzing das Grab eines von ihm besonders verehrten Kollegen – Christoph Willibald Glucks.

Auch im Künstlerischen wird ihm sein Wien-Aufenthalt bald zur Enttäuschung: Er klagt, daß das Publikum nur der italienischen Musik zujubele, Beethoven kenne man kaum noch, seine eigene Oper »Undine«, die er als nächstes im Theater an der Wien herausbringt, findet nur mäßigen Anklang, die »Hunde von Rezensenten« verreißen das »arme Wasserfräulein«, weil man versäumt habe, die korrupten Schreiberlinge zu bestechen: »Wir mögen anstellen, was wir wollen, wir werden gehunzt.«

Hat man wenigstens in den eigenen vier Wänden ein sorgenfreies Leben? Im Gegenteil: Die finanzielle Situation »seines« Theaters wird von Spielzeit zu Spielzeit schlechter, die Zahlungen an die Künstler säumiger und säumiger. »Das Leben in Wien ist höchst angenehm, aber kostspielig, namentlich wenn die Familie groß und erwachsen ist. Man lernt hier Bedürfnisse kennen, an die man früher nicht gedacht hat. Es sind die Spazierfahrten, die jetzt ihren Anfang nehmen und die man nur selten machen kann, weil sie eben zu kostspielig sind. Aber die Gegend ist zu reizend, und so muß man manchmal Hand übers Herz legen. Ich bin nach den ungeheuren Ausgaben der letzten Zeit erschöpft und brauche Sukkurs, denn von hundert Gulden monatlich kann man keine Familie wie die meine erhalten.«

Man muß sich also etwas einfallen lassen, um zu zusätzlichen Einkünften zu gelangen. Frau Rosina, die Gattin des Künstlers (und Mutter von elf Kindern, von denen in der Wiener Zeit noch sechs am Leben sind), hat die rettende Idee: Sie wird – mitten in der Weltstadt Wien – Nebenerwerbsbäuerin. In den Stallungen, die zu dem großzügig angelegten Wohnhaus auf der Wieden gehören, ist noch leicht Platz für ein paar Stück Nutzvieh: Die Lortzings schaffen sich Kühe an und – verkaufen Frischmilch! Woher wir das so genau wissen? Bei heimatkundlichen Nachforschungen in Wiener Archiven haben sich Steuerbogen aus alter Zeit gefunden, die den Komponisten und Kapellmeister Albert Gustav Lortzing als »Milchmeyer« ausweisen. Der schon damals unersättliche Fiskus hat also auch hier mitgemolken …

Drei Jahre bleibt der Künstler in Wien (und schreibt in dieser Zeit die Opern »Zum Großadmiral«, »Regina« und »Rolands Knappen«). Das Revolutionsjahr 1848, das ihn – mit einer Muskete bewaffnet und mit einer Serviette als Armbinde – auf der Seite der Demokraten sieht, verschlimmert seine Lage noch weiter: Das Theater an der Wien ist nunmehr endgültig pleite, sein Kapellmeister ohne Engagement. Stück um Stück trägt Lortzing seinen Wiener Hausrat ins Pfandhaus. Im April 1849 verläßt er die Stadt in Richtung Leipzig, wo am 25. Mai seine neue Oper »Rolands Knappen« Premiere hat. Seine Rückkunft nach Wien, zwei Wochen später, hat nur noch den einen Zweck: seine Familie abzuholen und die endgültige Heimkehr nach Deutschland in die Wege zu leiten.

FRANZ SCHUBERT
KETTENBRÜCKENGASSE 6

Der Trockenwohner – Unter den zahlreichen Musikergedenkstätten Wiens ist Franz Schuberts Sterbezimmer in der Kettenbrückengasse 6 vielleicht diejenige, die den Besucher am meisten berührt. Das schmale, einfenstrige Kabinett im zweiten Stock ist frei von allem pompe funèbre: So kann der Raum ganz aus sich heraus wirken. Es ist wirklich der »Winkel«, in dem der Todgeweihte um keinen Preis »unter der Erde« gelassen werden will und von dem er doch ganz genau weiß: »Hier ist mein Ende.«

Es ist ein Haus ohne alle Besonderheiten – und bis heute als solches genutzt. Tür Nr. 17 – eine Adresse wie jede andere. Wäre nicht die amtliche Hinweistafel, die den Ort als Filiale des Historischen Museums der Stadt Wien ausweist, würden die Prospektverteiler hier wohl genauso ihre Fracht hinters Türgitter klemmen wie bei den anderen Parteien des Hauses »Zur Stadt Ronsberg« (das damals, zu Franz Schuberts Zeiten, zur Vorstadt Neue Wieden gehört hat).

Von der ursprünglichen Einrichtung ist nichts erhalten geblieben, also hat man mit ein paar Exponaten zu Leben und Werk des Künstlers »nachgeholfen«: einer Erstausgabe der »Winterreise«, Schuberts letztem Brief (an den Freund Franz von Schober), dem Partezettel, Grillparzers Entwürfen für die Grabinschrift.

»Franzens Rechnung«, von seinem Bruder Ferdinand erstellt, soll daran erinnern, daß Franz Schubert in seinem letzten Lebensabschnitt beim Bruder zur Untermiete wohnt: die Ausgaben (Quartiergeld, Heizung, Wäsche etc.) übersteigen die Einnahmen. Ferdinand, der ebenfalls komponiert, ist im Porträt zu sehen: ein würdiger Direktor der »k. k. Normalhaupt- und Unterrealschule bei St. Anna in Wien«. Das Klavier im Nebenzimmer ist aus seinem Besitz, desgleichen der schlichte Schreibsekretär. Ob das Requiem, dessen Aufführung beizuwohnen Franz Schubert zwei Wochen vor seinem Tod zur Hernalser Pfarrkirche wandert, wirklich von Ferdinands Hand stammt, ist umstritten. Ein Aquarell aus dem Jahr 1830, die »Kettenbrücke über den Wienfluß« darstellend, erklärt, wieso Franz Schubert, nun schon jahrelang Gast seines Freundes Schober im Haus »Zum blauen Igel« auf der Tuchlauben, im Herbst 1828 plötzlich hierherzieht: Es ist zu dieser Zeit noch kaum verbauter Grund, hier ist er mit wenigen Schritten im Freien, und ebendies ist es, was ihm Dr. Rinna, sein Arzt, verordnet hat: frische Luft.

Dafür wirkt sich ein anderer Umstand umso verhängnisvoller aus, und niemand scheint ihn bedacht zu haben: Das Haus in der Vorstadt, erst vor einem Jahr errichtet, ist noch feucht – Bruder Ferdinand zahlt als »Trockenwohner« reduzierte Miete. Das ungesunde Gemäuer schadet der angegriffenen Gesundheit des Zuzüglers, und als er sich vom schlechten Trinkwasser daheim und von einem verdorbenen Fisch, der ihm im Gasthaus »Zum roten Kreuz« serviert wird, den Typhus holt, ist keine Rettung mehr. Zwar kommt es noch zu einem dreitägigen Ausflug nach Eisenstadt, wo Schubert lange am Grabe Haydns verweilt, und beim Musikpädagogen Simon Sechter meldet er sich sogar zum Unterricht im Fugensatz an. Auch die Korrekturen der Druckbogen für den zweiten Teil der »Winterreise« schafft er noch, und Freunde, die ihn am Krankenlager aufsuchen, hören ihn von neuen Plänen schwärmen und von der immer wieder verzögerten Vollendung seiner Oper »Der Graf von Gleichen«.

Schuberts letzte Adresse: Kettenbrückengasse 6

Vom 11. November an kann er jedoch fast keine Nahrung mehr zu sich nehmen: »Ich fühle mich so matt, daß ich glaube, ich soll durch das Bett fallen.« Ablenkung von seinem Elend erhofft er sich vom Bücherlesen: »Sei also so gut«, bittet er Schober, »mir in dieser verzweiflungsvollen Lage durch Lektüre zu Hilfe zu kommen.« Cooper ist zu dieser Zeit sein Favorit: »Der letzte Mohikaner«. »Der Spion«, »Der Lotse« und »Die Ansiedler« hat er schon gelesen. »Solltest Du vielleicht noch was von ihm haben, so beschwöre ich Dich, mir solches bei der Frau von Bogner im Kaffeehaus zu depositieren. Mein Bruder, die Gewissenhaftigkeit selbst, wird solches am gewissenhaftesten mir überbringen.«

Am 79. Tag seines Hierseins, zehn Wochen vor dem 32. Geburtstag, schließt Franz Schubert für immer die Augen, nachmittags um 3 Uhr. Sein Vater benachrichtigt die Freunde, sie mögen sich am 21. um 14.30 Uhr am Sterbehaus einfinden, um dem Toten das letzte Geleit zu geben:

»Haus Nr. 694 auf der Neu-Wieden in der neugebauten Gasse nächst dem sogenannten Bischof-Stadl«.

In die Tracht eines Einsiedlers gekleidet und ein Kreuz in den gefalteten Händen – so wird er in der Pfarrkirche Zum heiligen Josef in Margareten eingesegnet und, nur drei Grabhügel von Beethoven getrennt, an der Einfriedungsmauer des Währinger Friedhofs beigesetzt.

FRITZ VON HERZMANOVSKY-ORLANDO
WEHRGASSE 22

Tarockanische Architektur – Nachher – mit dem frisch erworbenen Wissen, was es mit dem Haus für eine Bewandtnis habe – kann man leicht sagen: »Das habe ich mir doch gleich gedacht.«

Tatsache ist: Man läuft daran vorbei, so ein Wunderding ist es nun auch wieder nicht. Ähnliches hat man auch schon an anderen Plätzen in Wien gesehen: die Arkaden im Erdgeschoß, der turmartige Runderker, die reich verzierten Friesbänder zwischen den Etagen, die schön gegliederten Fenster, die Terrassenbalustrade mit den Obelisken. Elemente der Wiener Werkstätte und des sogenannten Heimatstils in originellem »Verschnitt«. Auch die Höhe des Hauses, das alle seine Nachbarn überragt, das kühn sein Steildach »aufreißende« Atelierfenster, die kupfernen Wandleuchten im Foyer und die messingkugelgekrönten Marmorpfeiler am Stiegenaufgang signalisieren zwar architektonische Phantasie, eine gewisse Verspieltheit und Freude am Dekor – aber dergleichen war damals, in den Jahren um 1910, keine Seltenheit.

Wem das fünfstöckige Zinshaus Ecke Wehrgasse/Grüngasse im Bezirk Margareten dennoch ins Auge springt, wird innehalten und sich von der Gedenktafel, die an seiner Außenwand angebracht ist, Auskunft erhoffen. Irrtum: In einer Stadt, wo das Interpretatorische stets mehr gezählt hat als das Kreative, wo der Schauspieler über dem Dichter und der Sänger über dem Komponisten steht, flicht die Nachwelt dem Architekten keine Kränze. Dann noch eher dem Politiker, unter dessen Ägide der betreffende Bau zustande gekommen ist. Eingedenk solcher Widmungsgrotesken ist man schon froh, wenn es im gegenständlichen Fall kein Bundeskanzler oder Bürgermeister ist, dem da auf Messing oder Marmor gehuldigt wird, sondern ein Bühnenstar: »In diesem Haus starb am 27. 2. 1946 der berühmte Operettenkomiker Richard Waldemar.«

Um zu erfahren, daß einer der Großen der österreichischen Literatur, der Satiriker Fritz von Herzmanovsky-Orlando, dieses Haus entworfen und geplant hat (Bauherr: ein gewisser Albert Schloß), muß man weiter ausholen: sich im Rathausarchiv umtun und in der Plankammer der Baupolizei. Selbst die noch immer bruchstückhafte Biographie des Verfassers des »Gaulschreck im Rosennetz« erwähnt dessen Leistungen aus den frühen Jahren als Architekt, von denen die breite Öffentlichkeit infolgedessen kaum Kenntnis hat, nur nebenbei. Mühsam muß man die Ausstellungskataloge, in denen Herzmanovsky-Orlandos zeichnerisches Werk abgehandelt wird, und seinen Briefwechsel mit Freund Alfred Kubin auf versteckte Hinweise hin durchsehen. Dort, immerhin, erfährt man dann, daß der 1877 als Sohn eines hohen k. k. Ministerialbeamten im vierten Bezirk Geborene an der Technischen Hochschule Hochbau studiert, 1903, von Max von Ferstel, dem Sohn des Erbauers der Votivkirche, unterfertigt, das Zeugnis der Zweiten Staatsprüfung empfangen, sich als Stadtbaumeister in Wien niedergelassen und bei Architekturwettbewerben etliche Preise eingeheimst hat.

Kosmas Ziegler, der verstorbene Herzmanovsky-Orlando-Erbe, berichtet nicht nur von interessanten Restaurierungsaufträgen (etwa auf Burg Kreuzenstein bei Wien oder auf Schloß Tirol bei Meran) und von Initiativen als

»Correspondierendes Mitglied der k. k. Zentralkommission für Denkmalpflege«, sondern auch von einer Reihe origineller Erfindungen, die vorzüglich zu jenem skurrilen Bild passen, das sich, dank Friedrich Torbergs Schatzgräberarbeit, eine staunend-entzückte Leserschaft vom kauzigsten unter den österreichischen Prosaautoren des 20. Jahrhunderts gemacht hat. Zur Entwässerung feuchter Fundamente und Mauern entwickelte Fritz von Herzmanovsky-Orlando einen sogenannten Takenziegel, und im Zuge der Planungsarbeiten für einen Brauereikeller versuchte er sich sogar an einer hygienischen Wasserspülung, deren Patent darin bestand, daß der jeweilige Benützer der Anlage durch Öffnen der Tür das Sturzbassin füllte ...

Herzmanovsky-Orlando als Architekt – welch aufregendes Thema! Es hat seinen Meister noch nicht gefunden. Denn wer immer sich drübertraut: Leicht wird er es nicht haben.

Zu spärlich sind die überlieferten Daten: erstes »Bureau« am elterlichen Wohnsitz in der Schwindgasse, dann eigenes Atelier in der Kolschitzkygasse, vermutlich gemeinsames Atelier mit dem Kompagnon Dr. Fritz Keller in der Fluchtgasse und schließlich, 1914, krankheitsbedingter abrupter Abbruch der Architektenlaufbahn, Übersiedlung nach Meran und Wechsel ins künstlerische Fach.

Wie weit die hinterlassenen Architekturstudien, die 1977 in einer Ausstellung des Historischen Museums der Stadt Wien zu sehen gewesen sind, konkrete Bauzeichnungen waren oder aber nur Dokumente einer spielerischen Phantasie und ob er die beiden Häuser, die Herzmanovsky-Orlando in der Czatoryskigasse besaß, auch selber gebaut hat – lauter »tarockanische Geheimnisse«. Nur eines geht aus seinem Briefwechsel mit Alfred Kubin klipp und klar hervor: wie sehr es ihn verdrossen hat, durch die Fron der Tagesar-

»Ansicht gegen den Hof«:
Die Fassade des Hauses Wehrgasse 22

beit von seinen eigentlichen Interessen abgehalten zu werden (und das war zu jener Zeit die Malerei, noch nicht das Schreiben). »Das Bureau nimmt meine besten Kräfte ganz in Anspruch und hält mich den ganzen Tag in seinen dreckigen Banden«, klagt er am 9. Jänner 1911. »Mein Gott, alles braucht eben seinen Gegenpol: pfui Teufel über den Lebensschwindel!«

Besonders arg ist es in jenem Jahr 1910, da das Haus in der Wehrgasse gebaut wird: »Ich bin jetzt in Wien ganz allein – meine Eltern sind schon lange fort, und Dr. Keller ist in Karlsbad zur Erholung. Ich habe enorm zu arbeiten und mopse mich sträflich in der staubigen Hölle, die man Wien nennt ...« Da ist es wenigstens ein Trost, daß der Architekt wider Willen, der »leider den ganzen Sommer an Wien gefesselt« ist, »höchstens immer nur auf 4-5 Tage abkommen« kann und »täglich bis 7 oder 7.30 Uhr im Bureau« sitzt, im Jahr darauf mit seiner jungen Frau ein Domizil bezieht, das ganz nach seinem Geschmack ist: »Wir wohnen in einem prachtvollen alten Park, vor uns etwa 100 Meter weit das barocke Palais Schönburg, von Hildebrand gebaut; wir haben riesige Bogenfenster bis zur Erde, die Zimmer sind recht groß und hoch. Das Angenehme: kein Staub und Straßenlärm. Das übrige Wien ist gräuslich, uncultiviert und läßt sich nach Italien gar nicht vertragen.«

Kubin, von so vehementer Klage bekümmert, fragt zurück: »Du hast doch jetzt Bücher, liest Du denn nicht? Siehst Du, das kommt von der Architektur, jetzt bist du angehängt, verdienst Du wenigstens?«

Wir erfahren es nicht. Dafür kündigt sich schon bald Herzmanovsky-Orlandos Rückzug aus dem ungeliebten Beruf an; am 18. September 1911 schreibt er an Kubin: »Ich selbst bin jetzt wieder unter die Maler gegangen und fabriciere decorative alte ›Meister‹ mit viel Gold und Juwelen-Intarsien.« Und auch ein Geschenk geht von Wien nach Zwickledt, aus dem Atelier des Baumeisters ins Atelier des Malerpoeten: »eine neue Benzintrockenlampe, die das einzige Licht ist, das meine Augen nicht anstrengt. Ich habe Auftrag gegeben, Dir eine zu übersenden. Wenn man sie umwirft, löscht sie von selbst aus, das Benzin ist im Stein ganz eingesaugt, daher die Lampe absolut ungefährlich. Möge dies kleine Angebinde vielen herrlichen Werken Meister Alfred beim Entstehen zusehen!«

Was Herzmanovsky-Orlandos *eigene* Werke angeht, so sind wir, dank der Findigkeit der Wiener Kunsttopographen, nicht mehr nur auf seine Bücher, auf seine Theateraufführungen und auf seine hie und da in Ausstellungen und

Galerien auftauchenden Graphiken angewiesen, sondern können mitten in Wien, wenige Schritte vom Naschmarkt entfernt, auch den *Architekten* Fritz von Herzmanovsky-Orlando entdecken.

1 Gustav Meyrink
2 Otto Wagner
3 Rudolf von Alt
4 Stefan Zweig
5 Heimito von Doderer
6 Lazar Ludvik Zamenhof
7 Otto Weininger
8 Friedrich Hebbel
9 József Mindszenty
10 Sascha Kolowrat

GUSTAV MEYRINK
MARIAHILFER STRASSE 81

Geburt im Hotelzimmer – Die ungewöhnlichen Umstände seines *Todes* sind gern und oft kolportiert worden: Philomena Bernt, seine zweite Frau, hat sie höchstpersönlich zu Protokoll gegeben. Gustav Meyrink am offenen Fenster seiner Starnberger Wohnung: mit entblößtem Oberkörper und in Yoga-Stellung in einen Fauteuil gebettet, beim Schein der Morgenröte feierlich seine letzten Atemzüge machend. Eine perfekte Inszenierung, wie sie dem Dichter des »Golem« wohl anstand. Nur einen einzigen Schönheitsfehler mußte der knapp Fünfundsechzigjährige in Kauf nehmen: Er hatte gebeten, ihm noch ein letztes Bad einzulassen – dies zu nehmen, mußte ihm nach dem jüngsten Kräfteverfall verwehrt werden. Nach Dankesworten an die geliebte Gattin bat er alleingelassen zu werden, wandte den Blick zum Himmel und starb.

Daß auch die Umstände seiner *Geburt* alles andere als alltäglich waren, ist weniger bekannt: Gustav Meyrink ist in einem Hotelzimmer zur Welt gekommen. In Wien. Selbst im heutigen Nachfolgebetrieb des betreffenden Etablissements, im Hotel Münchnerhof an der Mariahilfer Straße, ist die Erinnerung an das Ereignis vom 19. Jänner 1868 im Zuge des Generationswechsels verlöscht: keine Gedenktafel, kein Eintrag in der Hauschronik, keinerlei überliefertes Wissen.

Gustav Meyrink ist Sproß einer Liaison. Maria Meyer, zu jener Zeit fünfundzwanzig, Opernsängerin und als solche

Mariahilfer Straße um 1868: Mit der Pferdetramway zu Gustav Meyrink

in späteren Jahren eine der Favoritinnen des bayerischen »Märchenkönigs« Ludwig II., stammte aus München: Carl Freiherr von Varnbüler, der Vater des Kindes, vierunddreißig Jahre älter als die Mutter, war württembergischer Staatsminister, hatte den Gipfel seiner politischen Karriere erreicht, war verheiratet und Familienvater. Wir wissen nichts Näheres über die Umstände des folgenreichen Seitensprungs – ob also der Herr Minister in Staatsgeschäften in Wien weilte und das Fräulein Künstlerin damals auf der Bühne der Hofoper gestanden, ob sie für ihre Niederkunft ganz gezielt das benachbarte Ausland aufgesucht oder ob alles vielleicht vollkommen anders gewesen ist. Wir wissen nur, daß die junge Mutter, einzig auf ihre Karriere bedacht, sich um das Fortkommen des Kindes nur wenig gekümmert und der wohlhabende Vater zumindest für dessen spätere Ausbildung finanziell aufgekommen ist. 1919, ein halbes Jahrhundert nach Gustav Meyrinks Geburt und dreißig Jahre nach seines Vaters Tod, machten sich die Varnbülers,

Gustav Meyrink und seine Frau Philomena, geb. Brent, 1905

wohl unter dem Eindruck der nunmehr einsetzenden Erfolgskarriere des Schriftstellers, sogar erbötig, den unehelich Geborenen auch offiziell in ihren Familienverband aufzunehmen, aber Meyrink, zu stolz, um in solch später Anerkennung eine Ehre zu erblicken, lehnte ab. Um so mehr freute es ihn, daß König Ludwig III. seinem Antrag stattgab, den Geburtsnamen Meyer gegen den exklusiveren Meyrink tauschen zu dürfen (den angeblich einer seiner Ahnen mütterlicherseits, ein verdienter bayerischer Offizier aus dem 17. Jahrhundert, getragen hatte).

Das Haus, in dem das abenteuerliche Leben des Mystikers, Okkultisten und Erfolgsautors Gustav Meyer alias Meyrink begann, war zu jener Zeit einer der bekanntesten Einkehrgasthöfe von Wien: der »Blaue Bock«. In seinem Tanzsaal hat neben anderen Berühmtheiten Carl Michael Ziehrer aufgespielt, seine Kellerräume boten Platz für eines der größten Weinlager der Stadt, und die sehr populäre Stellwagenlinie Mariahilf – Meidling, die über Gumpendorf, Hundsturm und Gaudensdorf zum alten Meidlinger Bahnhof fuhr und vor dem Hotel ihre Endstation hatte, war nach diesem »Blauer-Bock-Wagen« benannt. Etwa zu der Zeit, da Meyrink zur Welt kam, wurden die gelbgestrichenen Kastenwagen mit den engen Sitzen und der harten Polsterung (und den bis zu halbstündigen Wartezeiten, die Nestroy zu dem Witz veranlaßten, die Stellwagen hätten ihren Namen davon, daß man mit ihnen nicht von der Stelle komme) auf Tramwaybetrieb umgestellt – freilich noch mit Pferden als Zugtieren.

Der »Blaue Bock« wurde in späterer Zeit mehrmals umgetauft: zuerst in »Englischer Hof«, dann in »Monopol« und »Savoy«, zuletzt in »Münchnerhof«. Daß er vor 118 Jahren der Geburtsort eines später weithin berühmten Schriftstellers gewesen ist, ist zur Gänze in Vergessenheit geraten. Nur die Meyrinkgasse in Atzgersdorf erinnert noch an den Dichter des »Golem« und der »Walpurgisnacht«.

OTTO WAGNER
DÖBLERGASSE 4

»Herr und Frau Hofrat lassen bitten ...« – Die junge Atelierhilfe, die den Besucher einläßt, trägt einen gegurteten weißen Arbeitskittel, die charakteristische Helmfrisur weist sie als ein Mannequin der Wiener Werkstätte aus (zu deren Modeateliers es nur wenige Schritte von hier ist). Nichts an ihrer Aufmachung ist dem Zufall überlassen, ist Laune, alles scheint sorgfältig auf das Interieur des Hauses abgestimmt, in dem sie tätig ist: Döblergasse 4, Otto Wagners letztes Domizil.

»Der Herr Hofrat ist in seinem Atelier«, weist sie dem Besucher, an den Zeichentischen der Gehilfen vorbei, den Weg. Licht, wie man es in solcher Fülle im Hoftrakt der engen Häuserzeile zwischen Lerchenfelder Straße und Neustiftgasse niemals erwarten würde, durchflutet den länglichen weißen Raum, der mit seinen mit Reißschiene, Zirkel und Lineal hantierenden und kaum von ihren Plänen und Skizzen aufblickenden Adepten an den Zeichensaal eines Gymnasiums erinnert.

Der Arbeitstisch am Saalende unterscheidet sich von den anderen in keiner Weise, wohl aber der Mann, dessen Platz dies ist: der Meister, nun schon über siebzig, groß und schmal, im langen weißen Leinenkittel, das weiße Haupt ungebeugt. Jeden Morgen Schlag acht Uhr kommt er von seiner Wohnung herüber, die sich einen Halbstock tiefer im selben Haus befindet, und überwacht wortkarg die Arbeit seiner Schüler. In dem kleinen Empfangsraum nebenan

Schränke, angefüllt mit Mappen – Otto Wagners Träume vom neuen Wien, mit dem Silberstift ins Papier geritzt. Vor dem Fenster, unter einer Art Glassturz, eines der vielen großen Modelle: von allen Jurys der Welt prämiiert, von niemandem ausgeführt.

So etwa hat man sich das Treiben in der Döblergasse 4 vorzustellen, so etwa hat es kurz nach Otto Wagners Tod im April 1918 einer der Mitarbeiter des Neuen Wiener Journals geschildert. Der Akademie der bildenden Künste und der Hochschule für angewandte Kunst gebührt Dank, daß sie in den Originalräumen von Otto Wagners letzter Wohnung, diese somit nicht nur rettend, sondern auch Interessenten zugänglich machend, ein Otto-Wagner-Archiv installiert hat.

Der weltberühmte Wiener Städtebauer, zu dessen herausragenden Werken vor allem Stadtbahn und Postsparkasse, die Kirche am Steinhof, Krankenhäuser und Villen, Brücken und Wehranlagen, Modeentwürfe und Möbel zählen, hat auch etliche Miethäuser gebaut. Das letzte, 1911/12 ausgeführt, ist das in der Döblergasse – verglichen mit anderen weniger aufwendig, sparsamer in Ornament und Dekor. Das typische Spätwerk: unprätentiöse Verwirklichung seines Prinzips, wonach nur schön sein kann, was auch praktisch ist.

Wagner hat die Angewohnheit, Miethäuser, die er baut, bisweilen selber zu finanzieren und dann auch eine Wohnung für seinen eigenen Bedarf darin einzurichten. Häufig das Domizil wechselnd, liebt er es, »seine« Häuser höchstpersönlich »einzuwohnen«. Die Döblergasse, die er mit 71 Jahren bezieht, ist als letzte Station gedacht: in der Beletage, straßenseitig, Tür Nr. 8, die Wohnung für sich und seine Frau; ein paar Treppenstufen höher, hofseitig, das Atelier, wo er, der pensionierte Hofrat, als Honorarprofessor die letzten seiner 190 Schüler unterrichtet. Schwere Jahre kom-

Speisezimmer in Otto Wagners letzter Wohnung

men auf ihn zu: 1915 stirbt seine geliebte Frau, dann raubt ihm der Krieg die Hilfskräfte, zuletzt leidet er sogar unter schwerster Nahrungsmittelnot.

Seine Tagebücher geben über das trostlos gewordene Leben in der Döblergasse genau Aufschluß – zunächst nach dem Krebstod der Gattin: »Ja, wenn ich Louisen hätte begraben können, wie ich wollte, so wäre das eine Trauerfeier in einem Tempel gewesen, wo tausend Meter hohe Weihrauchsäulen zum Himmel gestiegen wären.« Dann die Enttäuschung über den Sohn, der, ebenfalls die Architektenlaufbahn einschlagend, nicht das mindeste Talent entwikkelt, die Nachfolge des Vaters anzutreten: »Ich habe noch nie einen Menschen gesehen, der so wenig Künstler ist und so absolut keinen Geschmack hat.« Und schließlich die Klagen des am Hungertuch Nagenden, der es als Patriot ablehnt, sich auf dem Schwarzmarkt Lebensmittel besorgen zu lassen, und, an den Lebensstil eines Grandseigneurs gewöhnt, in seinen letzten Jahren von 93 auf 65 Kilo Körpergewicht abmagert: »Heute hab' ich zum Frühstück nichts zu essen, und da soll ich im Gewicht zunehmen. Ich habe nichts als Haut und Knochen.« Kolo Mosers Kehlkopfkrebserkrankung und Gustav Klimts früher Tod verstärken seine Depressionen – am 11. April 1918 schließt Otto Wagner selber, an Rotlauf erkrankt, für immer die Augen.

Die 250 Quadratmeter große Jugendstilwohnung mit dem prunkvoll gestalteten Speisezimmer, dem mondän-exquisiten »Zimmer der Dame« und dem originellen Bad (mit der für die Wiener Jubiläumsausstellung von 1898 entworfenen gläsernen Badewanne) ist in ihrer Struktur – trotz wechselvollen Schicksals in den Folgejahrzehnten – erhalten geblieben. Viele Geschichten und Geschichtchen sind mit ihr verknüpft – etwa die von dem Wiener Radiokaufmann, dem es, Mieter seit 1939, gelang, in der Otto-Wagner-Wohnung ein jüdisches Ehepaar vor der Gestapo zu verstecken. Nach 1945 betrieb seine Witwe in einigen der Räume eine Gästepension, in der nicht nur die Leute vom CIA gern abstiegen, sondern auch Prominenz aus dem Showbusiness: Magda Schneider, Elfi Mayerhofer, Ernst Hagen. In den sechziger Jahren kamen dann die ersten Architekturstudenten, schüchtern um die Erlaubnis bittend, sich in dem Jugendstilheiligtum umsehen zu dürfen, und der Juwelengroßhändler Alois Sturmlechner, der 1970 in der Döblergasse einzog und hier seine Schmuckausstellungen veranstaltete, dachte sogar – lange vor der allgemeinen Otto-Wagner-Euphorie – an die Gründung eines Jugendstilmuseums.

Immerhin ließ er die abgewohnten Räume instand setzen und unter Denkmalschutz stellen, so daß die Akademie der bildenden Künste, die nun unter beträchtlichem Aufwand das Werk vollendet (und als Otto-Wagner-Archiv unter ihre Fittiche genommen) hat, nicht ganz von vorn anfangen mußte. Ein bedeutendes Baudenkmal der klassischen Wiener Moderne ist so zum Museum seiner selbst geworden – und zugleich zur Forschungsstätte, ausgestattet mit dem nötigen Apparat. Die ideale Lösung.

Natürlich ist vom Originalmobiliar nur noch Bruchstückhaftes vorhanden. So etwa der Zyklus von Hinterglasbildern aus der Werkstatt des Czeschka-Schülers Hans Strohofer. Aber die Restauratoren haben – von den spezialgeätzten Gläsern über die vergoldeten Bandornamente der Türen bis zu den in strengem Karree angeordneten Hängelampen – vorzügliche Arbeit geleistet, und bei besonderen Anlässen werden sich hoffentlich auch in Zukunft Leihgeber dazu bereit finden, sich für eine Weile von ihren Otto-Wagner-Sammelobjekten zu trennen: einem Sessel oder einem Schreibtisch, einem der exakt aufs Badezimmer-Design abgestimmten Frotteehandtücher mit den eingewebten Wagner-Initialen oder dem Original des Einladungsbillets »Herr und Frau Hofrat Wagner bitten ...« (das, mit einer Photographie des Speisezimmers versehen, uneingeweihten Gästen gleich einen Vorgeschmack davon gab, was sie zu erwarten hatten).

RUDOLF VON ALT
SKODAGASSE 11

Fensterplatz – »Es war Sonntag, der 12. März, mittags. Ich ging hinaus in die Alservorstadt, um dem alten Herrn einen angenehmen Frühling zu wünschen. In den Zeitungen standen Nachrichten, daß er sich aus seiner Bronchitis wieder herausgemacht habe. Vielleicht hatte er schon Kraft genug für einen Händedruck. Ich ging gleich bis in den dritten Stock hinauf, wo die Schlafstuben sind, und trat ein. Da stand ein enges altmodisches Bett, und darauf lag etwas Weißes – das war der tote Rudolf Alt.«

So beschreibt der Kunstkritiker und Feuilletonist Ludwig Hevesi seinen letzten Besuch im Haus Skodagasse 11, wo der große Wiener Vedutenmaler 64 Jahre gelebt hat: bis zu seinem Tod am 12. März 1905.

»Eine Stunde vorher hatte er noch auf die Frage, ob er Schmerzen habe, mit nein geantwortet, und den Abend vorher war er gar noch heiter gewesen. Die Pflegerin legte meine Hand an sein Genick, da war noch eine warme Stelle. Eine der jungen Nichten strich ihm sachte das silberweiße, seidenweiche Haar aus der Stirne, daß es in der Luft wehte wie zu Lebzeiten. Und Fräulein Luise, seine Tochter und irdische Vorsehung, stand in einer Betäubung dabei und wußte nicht, daß sie weinte. Die Frühlingssonne schien so hell herein, als bescheine sie ein fröhliches Familienereignis. Das viereckige Messingziffernblatt der ehrwürdigen Standuhr schimmerte wie eitel Gold, und der Zeiger, der seine Todesstunde gezeigt, blitzte festlich wie mit Diamanten besetzt. Dreiundneunzig Jahre eines Künstlerbundes, wie es nicht viele gegeben.«

Hevesis Text ist deshalb so ergreifend, weil er die Natürlichkeit des Sterbens auf so unbefangene Weise wiedergibt. Und noch etwas, das dem Kulturbetrieb inzwischen abhanden gekommen ist: das auch *menschliche* Nahverhältnis, das in früheren Zeiten – offenbar weit öfter als heute – zwischen Kritiker und Künstler bestanden hat.

Auch am Vorabend seines Todes ist Ludwig Hevesi im Hause Rudolf von Alts zu Gast:

»Eine der Damen holte eine halbzerfallene Pappschachtel und kramte darin. Was da für vorsintflutliche Dinge zutage kamen! Nun ja, bei einem solchen Urmenschen, dessen Chronologie aus Sätzen wie diesen bestand: ›Wissen Sie, wie ich anno 1827 von Beethovens Leichenbegängnis heimkam ...‹! Der Mann rechnete gar nicht mehr nach Erdumlaufzeiten.«

Was also bekommt der Besucher im Hause des überragenden Wien-Chronisten, der seine Vaterstadt und deren Menschen in unzähligen Aquarellen und Lithographien verewigt, nun aber, in den letzten Lebensjahren, sich nur noch Pflanzen- und Blumendarstellungen, den Interieurs seiner eigenen Wohnung und Selbstbildnissen zugewendet hat, an Wunderlichem zu sehen? Den Partezettel der ersten Frau Rudolf von Alts – noch ohne Trauerrand, wie damals üblich. Dicht beschriebene, vergilbte Briefbögen – »Postpapier«, wie man zu sagen pflegte. »Mein lieber Herr Sohn« – auch der Vater bedient sich seinen Kindern gegenüber des feierlichen »Sie«. Und schließlich ein aufschlußreicher Papierstreifen aus dem Jahr 1865: die Verkaufserlöse des Meisters. »Viele Dutzende von Bildern zu 70, 80, 90 Gulden. Hie und da ein ganz großes, wie das römische Pantheon, zu 120. Als Rarität eine Stephanskirche um 250. Das waren bei ihm aber schon ganz denkwürdige Ziffern! Und am Schluß

Rudolf von Alt: Selbstbildnis im Atelier

die ›zweite Parthie‹: 10 Blatt à 40. Das war jenes enge Wien, in dem ein großer Maler ein Menschenalter lang und noch länger bedeutend und beliebt sein konnte, ohne es zu einem menschlichen Einkommen zu bringen ...«

Auch Alts Atelier in der Skodagasse (von dessen Interieur sich einiges in den Depots des Historischen Museums der Stadt Wien erhalten hat und – nach der geplanten Vergrößerung des Bezirksmuseums Josefstadt – in einem eigenen Rudolf-von-Alt-Gedenkraum Aufstellung finden soll) hat in Hevesi einen warmherzigen Schilderer gefunden:

»Die Stube nebenan ist seine Malstube. Da hat er reichlich ein halbes Jahrhundert vermalt. Er sitzt in einem alten grünsamtenen Lehnstuhl an einem schwarzen Tisch, vor ihm liegt ein Reißbrett mit einem Bogen Whatman. Daneben ein hohes Glas Wasser, das immer wie Limonade oder Orangeade aussah, obgleich er den Pinsel oft genug durch den Mund zog. Und auch ein Zündstein stand da, ein kolossaler, wie ich nie einen gesehen, denn er verbrauchte immer massenhaft Zündhölzer für die ewige Virginier-Zigarre in seinem Munde. Und drei Kuckucksuhren stehen im Zimmer, die rufen jede Viertelstunde von rechts und links, aber eigentlich nur zwei, denn der dritte Kuckuck ist schon so alt, daß er die Stimme verloren hat. Lauter sind die vielen Kanari und Zeiserln in dem großmächtigen Vogelhaus. So ein Gezwitscher ist nur noch am Stephansplatz – in dem altberühmten Krannerschen Leinengeschäft, wo er gerne im ersten Stock am Fenster saß und so viele Stephanstürme malte, mitten unter den plappernden Nähmädchen, an ihren klappernden Nähmaschinen.«

Wer sich heute an Rudolf von Alts Lebens- und Wirkstätte umsehen will, steht vor verschlossenen Toren: Nicht einmal die schwarze Marmortafel, die an den berühmten Bewohner (samt gleichfalls malendem Vater und Bruder) erinnert, ist, da im Hausflur angebracht, zugänglich. Das Anwesen als solches, im Zweiten Weltkrieg beschädigt, ist generalrenoviert – aber das Aquarell »Blick in die Skodagasse in Wien«, das der Zweiundachtzigjährige vom Fenster seines Arbeitszimmers aus gemalt hat und das sich im Besitz der Albertina befindet, zeigt, daß ringsum kaum ein Stein auf dem anderen geblieben ist. Als Rudolf von Alt, in den folgenden Jahren durch zunehmende Gebrechlichkeit ganz ans Haus gefesselt, nur noch von seinem Fensterplatz aus arbeitete, entstanden – die Not zur Tugend machend – eine Reihe besonders interessanter Studien: die dramatischen Ansichten jener Eisengießerei, die sich im sogenannten Kitschelt-Hof etabliert hatte. Ein Fabriksgelände mitten in einem bürgerlichen Wohnbezirk – das war zur damaligen Zeit ein sensationelles Motiv, und prompt erhielt Alt für das erste Blatt aus dieser Serie ein Ehrendiplom des Kultusministeriums, und eine Reihe junger Kollegen dekorierte es für die Dauer der Ausstellung (im Künstlerhaus) mit einem Lorbeerkranz.

Wer sich also für das Rudolf-von-Alt-Ambiente in der Skodagasse interessiert, begnüge sich nicht mit einer Visite im Historischen Museum (wo sich das wichtige, in seinem vorletzten Lebensjahr entstandene »Selbstbildnis des Künstlers in seinem Arbeitszimmer mit einer Urenkelin« befindet), sondern beziehe unbedingt auch die in der Albertina gehüteten Hinterhofbilder in seine Studien mit ein: Er wird einen ganz anderen, einen ganz modernen Rudolf von Alt kennenlernen!

STEFAN ZWEIG
KOCHGASSE 8

Ein Hauch von Goethe – Februar 1907. Stefan Zweig, 25 Jahre alt, läßt sich Karten drucken und verschickt sie an seine Freunde und Bekannten:

»... bittet seine veränderte Adresse in Vermerk zu nehmen: Wien VIII., Kochgasse 8.«

Schon während der Studentenzeit hat er in wechselnden Zimmern im Bezirk Josefstadt logiert: Buchfeldgasse, Tulpengasse. Die Mahlzeiten nimmt er weiterhin in der elterlichen Wohnung in der Rathausstraße ein – auch jetzt, wo er sich noch deutlicher von daheim abnabelt.

Noch ist die Zeit seiner großen Werke nicht angebrochen – sein Biograph Donald Prater nennt es eine Phase des Probens, eines »hochgradig literarischen Journalismus«. Er produziert am laufenden Band Rezensionen und bombardiert die Redaktionen mit Gedichten – erst in fünf Jahren wird das Burgtheater seine Tragödie »Das Haus am Meer« herausbringen.

Die Wohnung, mit einem kleinen Balkon ausgestattet sowie mit Blick auf den benachbarten Schönborn-Park und dessen »singende Fontäne«, befindet sich im Haus »Zum goldenen Becher«, das dem Getreidehändler Gustav Rosenbach gehört. Um die Ecke ist die Florianigasse, die er später an geeigneter Stelle in seinem Roman »Ungeduld des Herzens« verewigen wird. Die unbenützte Küche läßt Zweig als Büro einrichten – hier amtiert die »mütterliche« Frau Mandl, deren Sekretariatsdienste er sich mit dem Freund

und Kollegen Siegfried Trebitsch teilt. »Ein Diener von höflicher Gemessenheit leitet den Gast in einen Salon mit rotledernen Fauteuils und wenigen Bildern, von denen mir eine überaus schöne Zeichnung William Blakes unvergessen geblieben ist«, wird sich später der Lyriker Felix Braun, ein glühender Verehrer Stefan Zweigs, an seinen Besuch in der Kochgasse erinnern. »Aus einer Nebentür trat, beweglich, geschmeidig, lächelnd, der jugendliche Gastgeber ein. Schon damals hatte er Welt. Seine Reisen hatten ihm früh eine Überschau Europas ermöglicht.«

Auch jetzt ist er oft und über längere Zeit von Wien abwesend; seine Autographensammlung mit der Urschrift von Goethes »Mailied« als Prunkstück wandert dann in den Stahltresor, die Kochgasse ist wieder einmal nur Auffangbecken für die reichlich eingehende Post.

Noch ahnt Stefan Zweig nicht, welch überwältigende Überraschung das Haus, in dem er sich niedergelassen hat, für ihn bereithält – das wird er erst später erfahren und auch nur durch einen Zufall. Vorderhand ist es »nicht viel mehr als eine Adresse«, »nur ein pied-à-terre, wie die Franzosen so eindringlich sagen«, ein »stabiler Punkt, von dem aus man wandert und zu dem man immer wieder zurückkehrt«.

In seiner in der Emigration entstandenen Autobiographie »Die Welt von gestern« führt er die Überlegungen, die zu seiner Übersiedlung geführt haben, näher aus:

»Eine kleine Bibliothek hatte sich in den Jahren seit der Schule angehäuft, Bilder und Andenken: die Manuskripte begannen sich zu dicken Paketen zu stauen, und man konnte diese willkommene Last schließlich nicht ständig in Koffern durch die Welt schleppen.«

Gleichwohl bleibt auch hier das Provisorische bestimmendes Element:

»Ich kaufte mir keine sonderlich guten Möbel, denn ich wollte sie nicht ›schonen‹, wie ich es bei meinen Eltern gese-

»Die Welt von gestern«:
Stefan Zweig und die Kochgasse

hen, wo jeder einzelne Fauteuil seinen Überzug hatte, der nur für Besuche abgenommen wurde. Bewußt wollte ich vermeiden, mich in Wien festzuwohnen und dadurch sentimentalisch an einen bestimmten Ort gebunden zu sein.«

Was der Wohnung in der Kochgasse einen eigenen Schimmer historischen Abglanzes verleiht, ist die hier aufbewahrte Handschriftensammlung, die anzulegen Stefan Zweig schon in seinen Gymnasiastenjahren begonnen hat: Skizzen von Beethoven und Mozart, ein Korrekturblatt Balzacs, der schon erwähnte Goethe, Autographen von Rilke, Gorki, Claudel, Rolland, Freud; dazu eine Kollektion von Auktionskatalogen. Was in der Schulzeit noch als bloßer Sport betrieben wird (»Dichtern, Schauspielern,

Sängern ihre Unterschriften abzujagen«), vertieft sich schon bald zur Passion des biographisch-psychologisch orientierten Forschers, dem darum zu tun ist, dem Mysterium der Entstehung des Kunstwerks beizukommen: »Jene geheimnisvollste Sekunde des Übergangs, da ein Vers, eine Melodie aus dem Unsichtbaren, aus der Intuition eines Genies durch graphische Fixierung ins Irdische tritt, wo anders ist sie belauschbar, überprüfbar als auf den durchkämpften oder wie in Trance hingejagten Urschriften der Meister?«

Doch was ist dies alles gegen die atemberaubende Entdeckung, die der neue Mieter eines Tages anläßlich eines Zufallsgesprächs im Stiegenhaus macht: Eine Etage über ihm wohnt, achtzigjährig und halbblind, kaum noch das Zimmer verlassend und von ihrer Tochter umsorgt, Ottilie Demelius, deren Vater Goethes Leibarzt Dr. Vogel gewesen ist! Goethes Schwiegertochter hat sie 1830 in Anwesenheit des Dichters aus der Taufe gehoben – Stefan Zweig wird schwindlig bei dem Gedanken, daß es also noch einen Menschen gibt (und mit ihm im gleichen Haus lebend), »auf dem Goethes heiliger Blick geruht«. Er läßt seiner Ergriffenheit freien Lauf: »Ein letzter dünner Faden, der jeden Augenblick abreißen konnte, verband durch dies gebrechliche irdische Gebilde die olympische Welt Weimars mit diesem zufälligen Vorstadthaus Kochgasse 8.«

Natürlich macht er der alten Dame mit dem Biedermeierhäubchen über dem schon dünnen weißen Haar bei erster Gelegenheit seine Aufwartung, lauscht gebannt ihren Erzählungen von den Jugendjahren im Haus am Frauenplan und findet (selber glücklicher Besitzer einer Kielfeder Goethes, die er sorgsam unter Glas aufbewahrt, »um der Versuchung zu entgehen, sie in die eigene unwürdige Hand zu nehmen«) »mancherlei vom Hausrat des Unsterblichen« wieder, das Frau Demelius einst von Goethes

Enkelin, ihrer Kindheitsfreundin, zum Geschenk erhalten hat.

»Da wohnte man in diesem steinernen Haus, sprach durchs Telephon, brannte elektrisches Licht, diktierte Briefe in eine Schreibmaschine – und zweiundzwanzig Stufen empor und man war in ein anderes Jahrhundert entrückt und stand im heiligen Schatten von Goethes Lebenswelt ... Vielleicht bin ich selbst wiederum schon der letzte, der heute sagen darf: Ich habe einen Menschen gekannt, auf dessen Haupt noch Goethes Hand einen Augenblick zärtlich geruht.«

Das Haus in der Kochgasse, das Stefan Zweig zu Beginn des Ersten Weltkriegs verläßt (seine nächsten Domizile sind ein Hotel in Hietzing, ein Sommerhäuschen in Kalksburg und schließlich das Landgut auf dem Salzburger Kapuzinerberg), hat die inzwischen verstrichenen sieben Jahrzehnte gut überdauert, und sogar von jenem geheimnisvollen Beziehungsreichtum, den der Dichter eines Tages an ihm entdeckt hat, hat es sich bis in unsere Tage ein bescheidenes Restchen bewahrt. Oder sollte es wirklich nur ein banaler Zufall sein, daß das Souterrainlokal im Wohnhaus des Verfassers der »Schachnovelle« ein Fachgeschäft für Schachartikel beherbergt und die Geschäftsstelle des Wiener Schachverlags?

HEIMITO VON DODERER
LENAUGASSE 1

Okkulter Schauder – »Es hat jede Affär' ihren Hintergrund, ihr Milieu: Die Kulissen stimmen unsagbar gut zu dem, was gespielt wird.« Es ist erstaunlich, wie sehr dieses Doderer-Wort (aus dem Roman »Die Strudlhofstiege«) über sein Werk hinaus auch auf das banale Alltagsleben des Dichters anwendbar ist. »Träufend und glitzernd von Beziehungsreichtum« hat er jenes spätsezessionistische »Verkehrsbauwerk« genannt, das, in kunstvoller Weise Liechtensteinstraße und Boltzmanngasse miteinander verbindend, »Nabel der Welt«, »Hain des genius loci« und »terrassenförmige Bühne dramatischen Lebens« für die Personen seines Romans ist.

»Glitzernd vor Beziehungsreichtum« – wird man dieses Prädikat nicht auch seinem Stammbeisel in der Josefstadt zuerkennen müssen? Dem Uneingeweihten geradezu »unbeleckt« erscheinend, als das typische Wirtshaus vom Grund, eher einige Grade simpler als andere rundum, hat es für den Doderer-Kenner den Rang einer Kultstätte, die sich im Besitz aller nur denkbaren literarischen Weihen weiß. Da ist zunächst einmal der Doderer-Stammtisch, der hier jeden ersten Montag im Monat seine Freunde und Jünger in ehrerbietiger Runde versammelt; da ist die Doderer-Vitrine an der Wand, die in einer Reihe von Memorabilien die Erinnerung an den Dichter wachhält; da ist in der Nebengasse (Buchfeldgasse 6) das Haus, in dessen Ateliergeschoß der junge Doderer mit dem Freund und Kollegen Albert Paris

Gütersloh eine Zeitlang die Wohnung geteilt hat; da tritt, wer besagtes Gasthaus »Zur Stadt Paris« verläßt und sich nach links wendet, in die Lenaugasse, die ihren Namen von einem anderen Großen der österreichischen Literatur hat (dessen Ururenkelin obendrein Doderers Mutter gewesen ist!); und da ist (und damit steuern wir auf den Höhepunkt zu) eben jenes Gasthaus als Schauplatz einer Doderer-Erzählung in die Literatur eingegangen. Die Gedenktafel neben dem Eingang mit ihrem Zitat aus »Ein anderer Kratki-Baschik« liest sich wie eine literaturkundliche Fußnote.

Doderer war ein eifriger Verwerter konkreter Geographie. Wer die Ortsangaben in seinen Werken zu entschlüsseln versteht, trifft auf eine Fülle real existierender Häuser, Gassen und Plätze. Natürlich hat er sie in der Regel nicht beim Namen genannt, sondern verschleiert, verfremdet. Die Erzählung vom »anderen Kratki-Baschik«, 1956 nach einer tatsächlichen Begebenheit entstanden, ist eine der Ausnahmen: Ort der Handlung und handelnde Personen erscheinen unter ihren richtigen Namen. Das Gasthaus »Zur Stadt Paris«, die Wirtsleute Franz und Elly Blauensteiner, ihre Gäste. Das kann nur diesen einen Grund haben: daß Heimito von Doderer den Wunsch gehabt hat, ihnen ganz bewußt ein Denkmal zu setzen.

Es ist die magisch-spannungsvolle Geschichte eines jener heißen Hochsommerabende, da alles Volk aus der Stadt hinausströmt und in den verlassenen Wirtshäusern sich meditative Stille breitmacht. Die Blauensteiners, dem bedrohlichen Gästeschwund entgegenwirkend, engagieren einen ihrer Stammgäste für ein paar Zauberkunststücke – der Herr Magistratsobersekretär ist ein Amateurzauberer. Lange nachdem die gelungene Darbietung beendet ist, betritt noch ein später letzter Gast das Lokal, ein fremder Mensch, der sich, als er von dem eben Dargebotenen hört, gleichfalls magischer Fähigkeiten rühmt und, mit einem

Erinnerungen an Doderer im Gasthaus »Zur Stadt Paris«

Päckchen Spielkarten auf die Probe gestellt, eine Nummer hinlegt, die – teils Menetekel, teils Wunder – alle Anwesenden in eine Art okkulten Schauder versetzt: »Niemand sprach ein Wort.«

Michael Horowitz, der siebzehn Jahre nach Doderers Tod einen sehr schönen Erinnerungsband herausgebracht hat, ließ sich vom Gastwirt Blauensteiner bestätigen, daß sich die Geschichte genauso zugetragen, wie der Dichter sie beschrieben hat:

»Wir hatten Auszahlung vom Sparverein. Da kam plötzlich ein wildfremder Mensch, ein Zauberer, herein. Er warf ein Paket Spielkarten, das ich ihm gab, in die Luft, nachdem er uns aufgefordert hatte, eine Karte auszusuchen und uns zu merken. Die ›Pique-Zehn‹, die von uns bestimmte Karte, blieb an der Wand, alle anderen fielen auf den Boden. Doderer war fasziniert, der Unbekannte erklärte den Trick nicht und verschwand wortlos aus dem Lokal.«

Im Gasthaus »Zur Stadt Paris«, wo der Dichter die Erzählung »Ein anderer Kratki-Baschik« das erste Mal vorgelesen hat, ist man an die Fragen von Doderer-Verehrern gewöhnt. Wirt Blauensteiner, vom Dichter bei einem Gespräch über das Gasthaussterben in Wien zu unbedingtem Durchhalten aufgefordert (»Die Beiseln sind das Rückgrat der Intelligenz!«), läßt sich also willig über die Leibspeisen des berühmten Gastes aushorchen, über seine (heimlichen) Trinkgewohnheiten, über seine Stammtischgenossen, über seine Aversion gegen junge und seine Vorliebe für ältere Frauen (»meist stärkere«), über seine Großzügigkeit in schlechten und seine Bescheidenheit in guten Zeiten, über Schreibhemmungen, über Festgelage weit über die Sperrstunde hinaus (»Alle Preise, die ihm verliehen wurden, haben wir bei mir gefeiert«) oder über seinen sparsamen Umgang mit dem Du-Wort, das er nach etwa zehn Jahren auch ihm, dem geliebten Stammwirt, angeboten habe. Doderers Erwiderung auf Blauensteiners Abwehr, er fühle sich einer solchen Auszeichnung nicht würdig: »Ich befehle es dir!«

Herbst 1966, letzter Akt. Doderer war erkrankt, litt unter starken Schmerzen, sprach jedoch nicht darüber. Bevor er ins Spital ging, kam er noch einmal zu seinem Lieblingswirt und verabschiedete sich. »Er wußte, daß es zu Ende ging.«

LAZAR L. ZAMENHOF
FLORIANIGASSE 8

studas okulmedicinon – Am 1. Mai 1886 steigt auf dem Wiener Nordbahnhof, von Warschau anreisend, ein junger Mann von 27 Jahren aus dem Zug. In den Gästerubriken des »Fremdenblattes« und der »Neuen Freien Presse« ist sein Name mit Dr. Lazar Ludvik Zamenhof angegeben. Vor zwei Jahren hat der jüdische Lehrersohn aus dem zu dieser Zeit russischen Bialystok an der Universität Warschau den Doktor gemacht, doch die einfachen Leute in dem litauischen Nest Veisejai, wo er seine erste Ordination eröffnet, gehen lieber zu Gesundbetern und Kurpfuschern, und so sattelt der wenig erfolgreiche Landarzt kurzerhand auf Augenheilkunde um. Daß er selber schon in jungen Jahren unter starker Kurzsichtigkeit leidet und nichts so sehr fürchtet wie den Verlust seiner Brille, mag ihn in seinem Entschluß bestärkt haben.

Nun ist er für einige Monate in Wien, um sich an der dortigen Zweiten Universitätsaugenklinik zu vervollkommnen, wo der berühmte Prof. Ernst Fuchs lehrt und den Sommer über auch Vorlesungen und praktische Übungen für Gasthörer abhält.

Unter Medizinern ist, schon der Nähe zu den Kliniken wegen, das Hotel Hammerand in der Florianigasse 8 ein beliebtes Quartier – auch der junge Dr. Zamenhof steigt im »Goldenen Schlössel« ab. Rechts um die Ecke und die Schlösselgasse immer geradeaus – schon ist er im Allgemeinen Krankenhaus, wo in den Krankensälen gleich rechts vom Hauptportal die praktischen Übungen in Ophtalmologie stattfinden.

Lazar Ludvik Zamenhof hat jedoch nicht nur seine Lehrbücher für Augenheilkunde im Reisegepäck, sondern auch ein umfangreiches selbstverfertigtes Manuskript ganz anderer Natur: eine Einführung in die von ihm in jahrelanger Grübelei entwickelte und erprobte »Lingvo Internacia«, Frucht unermüdlicher Nachtarbeit bei Kerzenlicht. Ihrer Veröffentlichung, Verbreitung und Durchsetzung gilt sein ganzes Interesse, und um ärztlichen Hauptberuf und Freizeithobby voneinander zu trennen, versieht er das Manuskript seiner Sprachschule mit dem beziehungsvollen Pseudonym »Dr. Esperanto«.

Esperanto – darin drückt sich Hoffnung aus. Welche Art von Hoffnung?

Schon als Gymnasiast quält es Lazar Ludvik Zamenhof, mitanzusehen, wie in seiner Heimatstadt Bialystok im zaristischen Rußland, wo Russen, Polen, Deutsche und Juden nebeneinander leben, aus der sprachlichen Verschiedenartigkeit unnötigerweise Entfremdung, ja Feindschaft erwächst, und er träumt von einem gemeinsamen Idiom, das, die jeweiligen Nationalsprachen ergänzend, die Verständigung unter den Menschen aller Völker und Rassen erleichtert: Esperanto.

In Wien, wo gerade eine andere (allerdings zu baldigem Scheitern verurteilte) Kunstsprache, das Volapük des badischen Pfarrers Martin Schleyer, von sich reden macht und in dem Meidlinger Arzt Dr. Obhlidal einen tatkräftigen Propagandisten gefunden hat, will Zamenhof (der selber neben Russisch, Polnisch, Hebräisch, Jiddisch und Deutsch, neben Lateinisch und Griechisch auch Französisch und Englisch beherrscht) seiner Sprachkreation zum Durchbruch verhelfen und – wie seine Biographin Maria Ziolkowska berichtet – einen Verleger für sein Lehrbuch finden. Er hat

Das Manuskript im Koffer:
Zamenhof im Hotel Hammerand

daher, neben dem in Russisch abgefaßten Originalmanuskript, auch bereits eine von ihm selbst angefertigte deutsche Übersetzung zur Hand. Doch im Westen, auf den er so große Hoffnungen gesetzt hat, beißt niemand an: Nach dem fragwürdigen Experiment mit Volapük nun schon wieder eine neue Kunstsprache? Zamenhof beendet also seine augenmedizinischen Fortbildungskurse und kehrt mit dem ungedruckten Manuskript in die Heimat zurück, und das Hotel Hammerand in der Florianigasse (das nach seiner Schließung nach dem Ersten Weltkrieg in ein Finanzamt umgewandelt wird und heute eine Abteilung des Landesgerichts für Strafsachen beherbergt) kann sich im Text der neben dem Eingang angebrachten Gedenktafel zwar des Auf-

Dr. ESPERANTO.

INTERNATIONALE

SPRACHE.

VORREDE

UND

VOLLSTÄNDIGES LEHRBUCH.

por Germanoj

Damit eine Sprache zur *Weltsprache* werde, genügt es nicht sie so zu *benennen*.

Preis 40 Pf.

WARSCHAU.

Zu haben in der Buchhandlung von Gebethner et Wolff.

1887.

Esperanto auf deutsch:
Titelblatt der Erstausgabe

enthalts des nachmals berühmten Gastes rühmen, nicht aber als Geburtsstätte der Kunstsprache Esperanto firmieren.

Die tatsächliche »Premiere« findet im Jahr darauf in Warschau statt: Zamenhof hat inzwischen geheiratet, und sein Schwiegervater, der wohlhabende Seifenfabrikant Alexander Zilbernick, finanziert die Drucklegung – zuerst in russischer, wenige Monate später auch in deutscher Sprache. Titel des broschierten Bändchens: »Internationale Sprache – Vorrede und vollständiges Lehrbuch por Germanoj«, Preis: 40 Pfennig.

Als Lazar Ludvik Zamenhof, weiterhin seinen Arztberuf ausübend (und darin weniger mit fachlichem Ehrgeiz als mit humanitären Neigungen, nämlich als Armenarzt hervortretend), 1897 noch einmal an einem Ferienkurs an der Wiener Universitätsaugenklinik teilnimmt (»studas okulmedicinon«, wie das in »seiner« Sprache heißt), gibt es, wie aus seiner Adressenliste hervorgeht, auch bereits in Österreich die ersten Esperantisten, und 1902 kommt es sogar zur Gründung eines Österreichischen Esperantistenverbandes. Die Zamenhof-Gedenktafel am Gebäude des ehemaligen Hotels »Zum goldenen Schlössel«, von den Nationalsozialisten entfernt, muß nach dem Zweiten Weltkrieg erneuert werden (nun noch vermehrt um einen Hinweis auf Albert Schweitzer, der ebenfalls einige Zeit in diesem Haus zugebracht hat).

Ein dritter Wien-Aufenthalt des Esperanto-Erfinders ist umstritten. Fest steht, daß Zamenhof im Jahr 1905, auf der Heimreise vom ersten Esperanto-Weltkongreß in Boulogne-sur-mer, in Wien Station machen und seiner Frau die Stadt zeigen wollte, doch dürften zwischenzeitlich in Polen ausgebrochene Unruhen und ein drohender Eisenbahnerstreik ihn zu überstürzter Weiterreise veranlaßt haben. 1917 stirbt er in Warschau, sein Sohn Adam wird von den Nazis umgebracht (die Esperanto, heute von schätzungsweise fünfzehn Millionen Menschen in den verschiedenen Erdteilen gepflegt, als Ausdruck jüdischen Strebens nach Weltherrschaft ebenso mit Verbot belegt hatten wie übrigens auch Stalin).

Mag dem Großteil der Bevölkerung der Name Zamenhof auch wenig sagen, er ist im heutigen Wien mehrfach präsent: Am Börseplatz erinnert ein Denkmal an den »Dr. Esperanto«, im Bezirk Simmering eine nach ihm benannte Straße, im Michaelertrakt der Hofburg das seinem Werk gewidmete (und der Nationalbibliothek angegliederte) Esperanto-Museum, und im Polnischen Kulturinstitut unterhalb der Kirche Maria am Gestade begehen seine Anhänger regelmäßig Geburtstag und Todestag mit Gedenkfeiern.

OTTO WEININGER
SCHWARZSPANIERSTRASSE 15

Selbstmord im Beethoven-Haus – Am 5. Oktober 1903 meldet das »Neue Wiener Journal« unter dem Titel »Selbstmord eines Philosophen«:

»Gestern nachmittag hat sich in seiner Wohnung, Schwarzspanierstraße 15, der 23 jährige Dr. phil. Otto W. in selbstmörderischer Absicht eine Kugel in die Herzgegend gejagt. Ärzte des Rettungscorps brachten ihn ins Allgemeine Krankenhaus, wo er um elf Uhr abends seiner Verletzung erlag.«

Die »Neue Freie Presse« berichtet über den Vorfall zwar um einen Tag verspätet, doch dafür mit vollem Namen; auch geht sie auf die möglichen Hintergründe ein:

»Es heißt, er habe sich bei seinen wissenschaftlichen Studien und literarischen Arbeiten so angestrengt, daß er dadurch in einen Zustand hochgradiger nervöser Reizbarkeit verfiel und den Selbstmord wahrscheinlich in einer momentanen Geistesstörung verübt hat. Doktor Weininger war erst vor einigen Tagen aus Italien nach Wien zurückgekehrt und hatte sich in der Schwarzspanierstraße ein Zimmer gemietet.«

Und weiter:

»Im heurigen Frühjahr hat er ein Buch unter dem Titel ›Geschlecht und Charakter‹ erscheinen lassen und wollte sich auf Grund dieser Arbeit an der Wiener Universität als Privatdozent habilitieren. Bei der Einreichung berief er sich auf mehrere Wiener Professoren als seine Lehrer, doch sollen diese es abgelehnt haben, für diese Probe der Wissenschaftlichkeit des jungen Schriftstellers einzutreten.«

Schon im Jahr davor – Otto Weininger ist diesmal von einer Wagner-Grieg-»Pilgerreise« durch Deutschland und Norwegen heimgekehrt – schlägt sein Vater Selbstmordalarm. Der Zweiundzwanzigjährige verabschiedet sich im Gersthofer Elternhaus auf eine Weise, die es geraten erscheinen läßt, seinen Freund um besondere Wachsamkeit zu ersuchen.

Der Freitod des Philosophen, Sigmund-Freud-Antipoden und (nach Meinung von Karl Kraus) verkannten Genies Otto Weininger erregt über Wien hinaus größtes Aufsehen. Sein Hauptwerk »Geschlecht und Charakter«, das an die Stelle des herkömmlichen Mann-Frau-Schemas die These von den sexuellen Zwischenstufen setzt und sexuelle Anziehung als mathematische Formel darstellt, erlebt auf der Stelle eine Neuauflage, und Jahr um Jahr wird ihr eine weitere folgen. Frauenfeindlichkeit liest man aus dem Buch ebenso heraus wie jüdischen Selbsthaß (der Sohn eines jüdischen Goldschmieds, glühender Antizionist, tritt am Tag seiner Promotion zum Protestantismus über), die orthodoxe Wissenschaft tut ihn als exaltierten Dilettanten ab, die Progressiven feiern ihn als den Theoretiker der Bisexualität, und später muß er es sich sogar gefallen lassen, vom Nationalsozialismus (Hitler nennt ihn, der sich, der »Substanzlosigkeit« seiner Rasse innewerdend, selbst liquidiert habe, in unüberbietbarem Zynismus einen »ehrenwerten« Juden) und von Italiens Neuer Rechter vereinnahmt zu werden.

Das offizielle Wien rehabilitiert ihn nach dem Zweiten Weltkrieg, indem es – auf Drängen des PEN-Club-Präsidenten Franz Theodor Csokor – eine Otto-Weininger-Gasse seinem Andenken widmet; am Haus Karl-Schweighofer-Gasse 6 im siebenten Bezirk erinnert eine Plakette daran, daß er hier am 3. April 1880 zur Welt gekommen ist

Duplizität des Todes: Hinter dieser Tür starben Beethoven und Weininger

(einer Welt, »die er verließ, ehe sie ihn erkannte«); und Joshua Sobol, Autor des Theatererfolgs »Getto«, läßt sich von dem spektakulären Ende des Dreiundzwanzigjährigen zu dem Bühnenstück »Weiningers Nacht« inspirieren.

Regisseuren und Ausstattern, die dieses Werk auf die Bühne bringen, ist dringend anzuraten, dem Beethoven-Haus an der Mölker Bastei einen Besuch abzustatten und die dort ausgestellten Bilder von Beethovens Sterbezimmer in Augenschein zu nehmen. Wieso? Weil Otto Weininger ebendiesen Raum im ehemaligen Schwarzspanierhaus zum Ort seines Ablebens gewählt hat.

Der begeisterte Beethoven-Verehrer, der in der Appassionata und noch mehr im dritten Satz der Waldstein-Sonate Gottesnähe verspürt, hat den Sommer seines Todesjahres 1903 in Italien verbracht. Syrakus und Kalabrien, Ischia, Rom und Florenz sind einige der Stationen der zweieinhalbmonatigen Reise des Dreiundzwanzigjährigen, von dessen Erscheinung – groß, durchdringender Blick, Oberlippenbart – vor allem überliefert ist, daß ihn niemals jemand hat lachen sehen. Sein überwiegend schüchtern-sanftes Naturell kippt zuweilen ins Grell-Aggressive um. Ende September kehrt er, der eben noch fleißig Ansichtskarten geschrieben und an alle seine Freunde und Bekannten verschickt hat, in schwer depressivem Zustand nach Wien zurück. Im Schwarzspanierhaus am Alsergrund, das zu dieser Zeit unmittelbar vor dem Abriß steht, mietet er ein Zimmer. Das Hausmädchen, das ihm die Räume zeigt, kommt angesichts der ebenso wunderlichen wie beharrlich vorgebrachten Wünsche des Klienten nicht aus dem Staunen heraus: Unbedingt müsse es die verstaubte Stube mit dem unter einem Schonbezug gehüteten Klavier sein. Hier ist, was das gute Kind gar nicht zu wissen scheint, Beethoven am 26. März 1827 gestorben.

Ursprünglich ein Benediktinerkloster, ist es zu Beethovens Lebzeiten ein imposantes Mietshaus, freistehend noch und mit herrlicher Aussicht über das Glacis und die innere Stadt bis zu den Hügeln des Wienerwaldes. Eine schöne, breite Treppe führt zur Wohnung im zweiten Stock, die aus Vorzimmer, Salon, zwei Kabinetten, Küche und Dienstbotenkammer besteht. Die Räume sparsam möbliert: zwei Klaviere, Bücherstellage und Schubladkasten, an einer der Wände Beethovens Bild, auf dem Fußboden Notenstöße. Im Schlafkabinett Tisch, Kleiderstock und Bett, im Arbeitszimmer, zwischen Tür und Fenster, der Schreibtisch.

Als der Besitz wenige Wochen nach Weiningers Selbstmord demoliert und durch einen nicht minder stattlichen Neubau ersetzt wird (der, bis heute vom Hofmeisteramt des Stiftes Heiligenkreuz verwaltet, vor allem durch seine vielen Arztpraxen, darunter die des Psychiaters und Weininger-Kenners Dr. Walter Birkmayer, auffällt), ist man immerhin geistesgegenwärtig genug, wenigstens die Eingangstür zu Beethovens letzter Wohnung zu retten und denkmalpflegerisch zu konservieren. Im Pasqualati-Haus an der Mölker Bastei ist sie, 1970/71 vom Museumsrestaurator Georg Weiß im ursprünglichen Zustand wiederhergestellt, zu sehen: im mühsam freigelegten alten Farbanstrich, mit originalen Türbändern und rekonstruiertem Guckloch. Nur Schloß und Klinke waren nicht mehr aufzutreiben.

Welch makabre Duplizität des Todes: Hinter dieser Tür ist 1827 Ludwig van Beethoven (wie die vom Roßauer Männergesangverein am Nachfolgebau angebrachte Relieftafel berichtet) »erbaulich gestorben« und 76 Jahre später in theatralischer Inszenierung dessen leidenschaftlicher Bewunderer Otto Weininger: seine Freundin Klara zur Seite, die Tasten des einen der beiden Beethoven-Klaviere betätigend (das zweite, der Broadwood-Flügel, ist zu dieser Zeit bereits weggeschafft). Und schließlich, nach qualvollen Diskussionen, der Revolverschuß, der am Tag darauf zum Tod führt. »Der Mensch, dem der Selbstmord mißlingt«, wird man später in Weiningers »Taschenbuch« nachlesen können, »ist der vollkommene Verbrecher, denn er will das Leben, um sich zu rächen. Alles Böse ist Rache.«

Es ist die Stunde der Interpreten: Kaum je ist über einen Freitod so viel spekuliert worden wie über diesen. Sein Freund und Mitschüler Hermann Swoboda hat dem Ereignis – zwanzig Jahre danach – sogar ein eigenes Buch gewidmet: »Otto Weiningers Tod«. Seine These: Freitod als logische Konsequenz seines Werks. »Er hatte sich durch sein Buch die Möglichkeit der Heilung abgeschnitten. Er durfte nicht mehr gesund werden ... Sein weiteres Leben hätte sich sehr unerquicklich gestaltet. Wäre er, der seine Anschauungen wie ein apostolisches Bekenntnis der Welt verkündet hatte, durch einen Abfall hiervon nicht lächerlich geworden?«

FRIEDRICH HEBBEL
LIECHTENSTEINSTRASSE 13

Hebbels Astralleib – Wenn sogar ein so profundes Organ wie die »Theologisch-praktische Quartalschrift«, die von den Professoren der Katholischen theologischen Hochschule in Linz herausgegeben wird, in das Thema einsteigt, muß an der Sache wohl etwas dran sein. Dr. Wilhelm Mantler, Pfarrer in Gars und Experte für parapsychologische Phänomene, berichtet im Juli 1985 von einem Wiener Studenten, der vor Jahren in der elterlichen Wohnung in der Liechtensteinerstraße 13 »von Zeit zu Zeit schwere Schritte durch die ganze, teilweise abgemauerte Zimmerflucht« wahrgenommen habe. »Die früheren Bewohner berichteten die gleiche Spukfolge und wiesen darauf hin, daß vor hundert Jahren der Dichter Friedrich Hebbel in diesen Räumen gelebt habe. Seit seinem plötzlichen Tod mit 50 Jahren sind in dem Haus Schritte in unpersönlicher monotoner Art zu hören.«

Autor Dr. Mantler hält sich in der Bewertung des geschilderten Phänomens (von dem er als Brautlehrer des genannten Hochschülers und nunmehrigen Chemikers M. Kenntnis erhielt) zurück und verweist nur auf die vielen, mit Wundern gekoppelten »Rückmeldungen« katholischer Heiliger, die im Zuge der Heiligsprechung »mit rigorosen Verfahren« ermittelt worden sind.

Weiter führt er aus: Wenn der Träger eines Astralleibs so plötzlich stirbt, daß er seine »Hülle« nicht mehr auflösen kann, bleibe diese »am Ort haften« und »vergehe meist erst, wenn das Haus, in dem der Betreffende gewohnt hat, abgebrochen wird«. Das zeitweilige Sichtbarwerden oder Hörbarwerden solcher Restfunktionen nenne man »ortsgebundenen Spuk«.

Ida Koller-Andorf, der Präsidentin der Friedrich-Hebbel-Gesellschaft in Wien, der »mystische Signale« rund um »ihren« Dichter nichts Neues sind (von der »Kette der wunderbaren Zufälle«, die im Winter 1845/46 seinem Leben eine neue Richtung gegeben hat und als »das Wunder von Wien« in die Literaturgeschichte eingegangen ist, über den furchtbaren Orkan, der in Hebbels Todesnacht über Wien getobt hat, bis zu dem merkwürdigen Phänomen, daß aus den Texten des an Knochenerweichung Gestorbenen überall das Wort »Rippe« eliminiert ist), ist der Spuk im Sterbehaus Ecke Liechtensteinstraße/Türkenstraße auch noch von dritter Seite bestätigt worden. Die Hebbel-Wohnung der Jahre 1861 bis 1863 (1. Stock, Tür 19), eine Neun-Zimmer-Flucht, ist später geteilt worden; heute ist das Institut für Wirtschaftswissenschaften der Universität Wien darin untergebracht. Unter den weiteren Mietern des stattlichen, 1857 errichteten und mit einem vom Hofburgtheater gestifteten Marmormedaillon an seinen berühmten Bewohner erinnernden Hauses (das in den letzten Jahren ein wenig heruntergekommen ist) befindet sich auch die Österreichische Hochschülerschaft mit ihren diversen Dienststellen.

Natürlich sind die Angaben der Nachmieter, die in drei Generationen Friedrich Hebbel durch ihre Wohnung haben schreiten hören, nicht unangezweifelt geblieben – etwa seitens der letzten Hausbesitzer, die in dem vermeintlichen Spuk nichts anderes als die ganz normalen Geräusche alten Gebälks sehen wollen. Vielleicht wird man einer Klärung des obskuren Phänomens näherkommen, wenn es der Friedrich-Hebbel-Gesellschaft gelingen sollte, ihr Fernziel zu verwirklichen: selber in der Liechtensteinstraße 13 Einzug zu halten – mit einer Gedenkstättengründung aus Anlaß irgendeines Hebbel-Jubiläums. Denn sie hat natürlich ein besonderes Interesse daran, das Wissen um »ihren« Dichter zu mehren, von dem es übrigens auch einen einschlägigen eigenen Beitrag gibt – sein Gedicht »Spuk«:

Ich blicke hinab in die Gasse,
dort drüben hat sie gewohnt.
Das öde, verlassene Fenster,
wie hell bescheint es der Mond.
Es gibt so viel zu beleuchten,
oh holde Strahlen des Lichts,
was webt ihr denn so gespenstisch
um jene Stätte des Nichts?

Auch an gewisse sonderbare Vorgänge rund um Friedrich Hebbels Tod ist bei dieser Gelegenheit zu erinnern. Der Maurersohn aus Wesselburen in Schleswig-Holstein, der, seit dem 32. Lebensjahr in Wien ansässig und hier mit der gefeierten Burgschauspielerin Christine Enghaus verheiratet, hat nicht nur schon sehr früh, nämlich mit dreiundvierzig, sein Testament gemacht, sondern er hat darin auch ungewöhnliche Wünsche geäußert – etwa »gegen die Gefahren sichergestellt zu werden, die sich an den Scheintod knüpfen«: »Am liebsten wäre es mir, wenn mein Leichnam den Flammen übergeben würde, wie es bei den Alten geschah, denn von Jugend auf habe ich vor dem Wurm geschaudert.« Und schließlich: »In jedem Fall keine Todesanzeige, keine Trauerzettel, kein Leichengefolge und keine Rede am Sarge.«

So gab es denn tatsächlich nur die gewünschte einfache Bestattung im engsten Freundeskreis (und der bei einem Künstler seines Ranges nicht zu umgehende Trauerkondukt durch die Innere Stadt fand eben schon zwei Tage vorher

Spuk in Friedrich Hebbels Sterbehaus?

statt). Interessant, daß das Ehrengrab, das die Gemeinde Wien für den Dichter der »Agnes Bernauer«, der »Maria Magdalene«, des »Gyges« und der »Nibelungen« auf dem Zentralfriedhof reserviert hält, noch immer auf Belegung wartet: Friedrich und Christine Hebbel ruhen auf dem (evangelischen) Matzleinsdorfer Friedhof.

Sollte es eines Tages zu einer Öffnung des Grabes kommen, so wird man übrigens auch auf ein kleines Tierskelett stoßen: Es ist jenes Eichhörnchen, an dem der Dichter mit seinem ganzen Herzen gehangen ist. Es war ein Geschenk seiner Frau – zu Zeiten, da der kränkelnde Hebbel wieder einmal ans Bett gefesselt war. Wochenlang, so wird berichtet, »wohnte« der treue Geselle in seiner Achselhöhle, und als er nach einigen Jahren das Zeitliche segnete, öffnete Hebbel persönlich den kleinen Leichnam, begrub das Herz im Augarten und die Eingeweide im Prater und gab der verbleibenden Hülle, vom Tierpräparator konserviert, einen festen Platz auf seinem Schreibtisch.

JÓZSEF MINDSZENTY
BOLTZMANNGASSE 14

Exil – Enklave des alten Ungarn im neuen Österreich: das Pazmaneum in der Boltzmanngasse. Typische Gründerzeitarchitektur. Nebenan der aufwendigere, etwa gleichzeitig errichtete Bau der Konsularakademie (in dem heute die amerikanische Botschaft ihren Sitz hat), schräg gegenüber die Alumnatskirche Zur heiligen Maria de Mercede, um die Ecke die Strudlhofstiege – Doderer hat das Viertel »das geistigste von Wien« genannt. Neben dem Portal des ehemaligen ungarischen Priesterseminars, 1623 von Kardinalerzbischof Peter Pázmány in der Johannesgasse als Wiener Residenz der ungarischen Fürstprimasse gegründet, später auf den Fleischmarkt verlegt und seit 1901 im neuen Heim auf dem Alsergrund, ist vor einiger Zeit eine Gedenktafel enthüllt worden, die daran erinnert, daß der unbeugsame Katholikenführer József Mindszenty, sowohl von den Kommunisten seines Landes wie auch von Rom entmachtet, hinter diesen Mauern in der Verbannung gelebt hat – bis zu seinem Tod im Frühsommer 1975. An dem Haken, der dafür in der Mauer eingelassen ist, hängen frische Blumen, zuweilen auch Kränze. Als die Tafel – das Porträtrelief hat ein deutscher, die Beschriftung ein französischer Bildhauer angefertigt – von Kardinal König geweiht wurde, sang ein Chor von Mindszenty-Landsleuten die ungarische Nationalhymne.

Der Hausherr, der liebenswürdige Monsignore Dr. Gianone, geleitet mich durch die Rektoratsräume, in denen, von den übrigen Trakten durch einen eigenen Eingang mit Klingelknopf separiert, József Mindszenty seinen Lebensabend verbracht hat: das schummerige Vorzimmer; den großen Salon, wo er seine Landsleute zur Audienz empfing; das Arbeitszimmer, wo er letzte Hand an seine Memoiren legte; das Speisezimmer; die aus einer Nebenkammer ohne besonderen Aufwand improvisierte Privatkapelle (mit dem zur Sakristei umfunktionierten Schrank). Zwei Sekretäre und eine Schwester standen dem greisen Kirchenfürsten zur Verfügung; unter den Bildnissen der ungarischen Primasse auch das seine. Als er dem Maler dafür Modell saß, war er gerade zwei Jahre im Amt: 1947.

In der Verfechtung seiner kirchenpolitischen Ansichten wahrhaft unerbittlich, war er als Mitbewohner liebenswürdig und genügsam. Allenfalls mochte ihm der Straßenlärm gelegentlich zusetzen. Die nach seinem Einzug erwogenen Sicherheitsmaßnahmen (etwa Anbringung eines Sperrgitters in der Empfangshalle) erwiesen sich als überflüssig. Hatte man ihn erst einmal davon überzeugt, daß es in Wien kein Abhören von Telephongesprächen gibt, so schwand auch sein anfängliches Mißtrauen, und als die Arbeit an seiner Autobiographie abgeschlossen war, folgte der Phase strikter Häuslichkeit eine Phase weltweiten Reisens. Erst wenige Tage vor der Operation, die als solche zwar geglückt, aber sein Herz so stark in Anspruch genommen hatte, daß sie zum Tod führte, war er von einer Missionsreise nach Kolumbien zurückgekehrt.

Im Garten des Kollegiums absolvierte er seine täglichen Spaziergänge, in der großen Hauskapelle zelebrierte er an hohen Feiertagen das Meßopfer – die Predigten, auf Tonband aufgenommen und nach Amerika transferiert, erschienen »drüben« im Druck.

Seitdem es in Wien keinen Nachschub an ungarischem Priesternachwuchs mehr gibt, hat das Pazmaneum aufge-

Bastion des Glaubens: József Mindszenty

hört, Seminaristen zu beherbergen: 1963 wurden die letzten Kandidaten geweiht. Mindszenty selber, der als junger Theologiestudent ebenfalls nach Wien gehen sollte, entschied sich für Ungarn – erst als verbannter Kardinal und Mann von 79 bestimmte er das stille Haus in der Boltzmanngasse – gegen mancherlei Widerstand – zur Stätte seines Exils. Kerkerhaft in der Heimat, Befreiung, Asyl in der US-Botschaft in Budapest, Verhandlungen in Rom – schließlich der Weg ins österreichische Exil: 23. Oktober 1971. Damit er »in dem kühlen Lande« vor Kälte geschützt sei, machte ihm Papst Paul VI. bei der Verabschiedung seinen Kardinalsmantel zum Geschenk. Mindszenty über seine Übersiedlung:

»Ich brach spät am Abend in Begleitung von Monsignore Zágon aus Rom nach Wien auf. Am Flugplatz war Erzbischof Casaroli anwesend, um mich in Vertretung des Vatikans zu verabschieden. Noch vor Mitternacht kam ich in Wien im Pazmaneum an und zog in die Wohnung des Rektors ein.«

Drei Zielen wollte er fortan dienen: »als ungarischer Primas die vielen hunderttausend heimatlosen Katholiken unter meine oberhirtliche Obhut zu nehmen, mit der Veröffentlichung meiner Memoiren die Aufmerksamkeit der Weltöffentlichkeit auf die Gefahr des Bolschewismus zu lenken und vielleicht hin und wieder mich des tragischen Schicksals meines Volkes anzunehmen.« Nach zwei Jahren konnte er, seine »pastoralen Reisen« innerhalb Europas, nach Kanada, den USA und Südafrika bilanzierend, auf stattliche 58.000 Kilometer Gesamtstrecke verweisen: »Gerne nahm ich die Beschwerden dieser Reisen auf mich, um den Ungarn in der Fremde Trost und Ermunterung zu bringen.«

Der schwärzeste Tag in seinen Wiener Exiljahren war für József Mindszenty der 5. Februar 1974: das Datum seiner Amtsenthebung. Am 25. Jahrestag des vom Budapester KP-Regime gegen ihn inszenierten Schauprozesses erklärte der Heilige Stuhl unter dem Druck der weltlichen Machthaber den erzbischöflichen Sitz von Esztergom für vakant. Die Antwort des zutiefst Enttäuschten, Verbitterten und auch jetzt nicht zum Aufgeben Bereiten, seinem Sekretariat im ersten Stock des Pazmaneums diktiert und von diesem den Vertretern der Weltpresse übermittelt, blieb nicht aus:

»Einige Nachrichtenagenturen gaben den Beschluß des Vatikans so weiter, daß der Eindruck entstand, József Kardinal Mindszenty habe sich freiwillig in den Ruhestand zurückgezogen. Die Nachrichtenagenturen hoben ferner hervor, daß vor dem päpstlichen Beschluß ein intensiver Briefwechsel zwischen dem Vatikan und dem in Wien lebenden Kardinal-Primas und Erzbischof erfolgt sei. Manche zogen daraus den Schluß, daß über diese Entscheidung zwischen dem Vatikan und dem ungarischen Oberhirten eine Übereinstimmung erzielt worden sei. Im Interesse der Wahrheit bevollmächtigt Kardinal Mindszenty sein Sekretariat, folgende Erklärung abzugeben: Kardinal Mindszenty hat weder von seinem erzbischöflichen Amt noch von seiner Würde als Primas von Ungarn abgedankt. Die Entscheidung wurde vom Heiligen Stuhl allein getroffen.«

Mit den Worten »So ging ich den Weg in die Abgeschlossenheit einer totalen Verbannung« enden József Mindszentys Aufzeichnungen. Ihre Veröffentlichung, ebenfalls von Wien aus in die Wege geleitet, wird zur Weltsensation.

Am 6. Juni 1975 stirbt József Mindszenty im Krankenhaus der Barmherzigen Brüder in Wien, in der Ladislaus-Kapelle der Basilika von Mariazell wird er beigesetzt.

SASCHA KOLOWRAT
PAPPENHEIMGASSE 2

Die Traumfabrik – Es ist noch immer der flache, einstökkige Bau wie damals – die typische Werkstätte: breites Einfahrtstor, geräumiger Hof. Ursprünglich – so erzählen ältere Brigittenauer – eine Käserei, später eine Senfproduktion. Heute eine Buchbinderei.

Und dazwischen?

Traumfabrik.

Die Jahre, die hier »Filmgraf« Sascha Kolowrat das Sagen gehabt hat, haben dem unscheinbaren Haus hinterm Donaukanal (dort, wo die Pappenheimgasse in die Treustraße einmündet) sogar eine Gedenktafel eingebracht – im Bereich der Kinokunst immer noch eine Seltenheit.

»Für uns Buben war es ein besonders geheimnisvoller Ort«, erinnert sich der pensionierte Rayonsinspektor und Brigittenauer Heimatforscher Heinrich Zwicker (den sein ehemaliger Kompaniechef Heimito von Doderer in seinem Roman »Die Dämonen« als »vortrefflichen Polizeiwachmann« verewigt hat). »Wenn wir zu den Fenstern hinaufblickten, konnten wir die großen hölzernen Trommeln, auf die die frischentwickelten Filmbänder zum Trocknen aufgespannt waren, sich drehen sehen.«

Doch da war die große Zeit des Brigittenauer Sascha-Ateliers schon vorbei, diente der »Schuppen« in der Pappenheimgasse nur noch als Kopierwerk. Und 1932 war auch damit Schluß.

Wie hatte es angefangen?

Keine »Films« mehr in der Brigittenau: Kolowrats Traumfabrik heute

1910. Leopold Graf Kolowrat-Krakowsky, Reichstagsabgeordneter, verehelicht mit der Zigarrenerbin Nadine Freiin von Huppmann-Valbella, stirbt: Sohn Alexander, 24 Jahre alt, tritt das Erbe an. Die Kolowrats verfügen über riesige Ländereien in Böhmen. Zum aufwendigen Lebensstil des Juniors, der ein begeisterter Motorrad- und Autorennfahrer, Flugzeug- und Ballonpilot ist, tritt eine weitere kostspielige Leidenschaft: das Experimentieren mit dem neuen Medium Film. In Paris, in den Ateliers von Pathé und Gaumont, hat er Filmluft geschnuppert; nun, wieder im heimatlichen Pfraumberg, versucht er sich an den ersten eigenen »Films«. In der Waschküche des elterlichen Schlosses werden zum Entsetzen der Mutter in riesigen Holztrögen die belichteten Bänder entwickelt. Sein Chauffeur und ein französischer Filmtechniker sind seine ersten Mitarbeiter.

Im Jahr darauf erfolgt die Übersiedlung nach Wien. Auf freien Bauplätzen und Wiesengründen in der Brigittenau werden Außenaufnahmen gedreht: beim Nordbahndamm, im Hof der alten Gaswerke in der Engerthstraße, in der Marchfeldstraße.

Für die Innenaufnahmen und Laborarbeiten mietet er eine leerstehende Senffabrik am Beginn der Pappenheimgasse, und am 13. März 1914 wird sie als »Sascha Filmfabrik, Wien XX.« ins Handelsregister eingetragen. Das kinematographische Fachblatt »Österreichischer Komet« zeigt das Ereignis wie folgt an:

»Herr Graf Alexander Kolowrat ist unter die Filmfabrikanten gegangen. Seit langer Zeit interessiert sich dieser Kavalier des Hochadels für die Kinematographie und hat es nicht unterlassen, sich ihrem Studium und der praktischen Anwendung derselben zu widmen. Es handelt sich um eine Spezialfabrik für Aufnahmen aus der Natur und Industrie, und die Ateliers des Grafen, welche der technischen Leitung des Herrn Direktors Josef Zeitlinger unterstehen, sind für erstklassige Aufnahmen glänzend eingerichtet.«

»Die Gewinnung des Eisens am steirischen Erzberg in Eisenerz« ist der erste Sascha-Film, den die Wiener im Kino zu sehen bekommen. Die Plakate versprechen »prachtvolle Photographie« und »wunderbare Virage«, ein »unbestritten vollwertiges Fabrikat« und »bestes vaterländisches Erzeugnis«. Es folgen Kurzfilme über Burg Kreuzenstein, die Dolomiten, den Gardasee und das Gestüt in Lipizza, über eine österreichische Alpenfahrt, ein Pferderennen und den Stapellauf des Schlachtschiffes Tegetthoff.

Doch mit solchen »Naturaufnahmen« von fünf oder zehn Minuten Länge begnügt sich der junge Filmpionier nicht auf die Dauer. Mit dem aus der Brigittenau stammenden Star des Deutschen Volkstheaters, Max Pallenberg, dreht Kolowrat die ersten Spielfilme – sie mißlingen und werden niemals aufgeführt. Erst eine Reihe von Lustspielen mit dem Kunstmaler und Komiker Kokl finden ihr Publikum (»Onkel Kokl am Gänsehäufel« und derlei Scherze mehr),

Die Belegschaft der »Sascha-Film«

und mit dem Alexander-Girardi-Spektakel »Der Millionenonkel«, bei dem die Brüder Marischka Regie führen und für das Robert Stolz eine eigene Begleitmusik schreibt, gelingt endlich der Durchbruch. Sascha-Filme werden nun auch über Österreich hinaus zum Begriff.

Als Graf Kolowrat 1916 in Düsseldorf eine ausgediente Flugzeughalle erwirbt und auf einem Freigelände in Sievering als Filmatelier in Betrieb nimmt, rückt die Pappenheimgasse ins zweite Glied: In der nunmehrigen Dependance jenseits des Donaukanals wird fortan nur noch kopiert und eingefärbt, nicht mehr gedreht. Fritz Kortner und Raoul Aslan, Otto Treßler und Hugo Thimig, Hans Moser und Paul Hartmann, Anny Ondra und Fern Andra sind in der Brigittenau nicht mehr persönlich, sondern nur als belichtetes Zelluloid gegenwärtig. Filme wie »Sodom und Gomorrha«, »Der junge Medardus« und »Die Pratermizzi« erhalten hier ihren letzten Schliff. An die dreißig Beschäftigte zählt der Betrieb, das verwendete Gerät ist auf dem neuesten Stand der Technik und stammt aus Berlin.

Die Arbeiten an dem Halbweltdrama »Café Electric« – Regie: Gustav Ucicky, Hauptdarsteller: Marlene Dietrich und Willi Forst – kann Graf Kolowrat nur mehr vom Krankenbett aus leiten: Zehn Tage vor der Premiere, am 4. Dezember 1927, stirbt der erst Einundvierzigjährige an Bauchspeicheldrüsenkrebs.

Es ehrt die Brigittenauer rund um ihren unermüdlichen Heimatforscher Heinrich Zwicker, daß sie den ruhmreichen österreichischen Filmpionier, der einen Hauch der großen in ihre kleine Welt gebracht hat, nicht vergessen haben. Seit 1959 erinnert eine Gedenktafel auf weitum gedenktafelarmem Terrain daran, daß hier – hinter nichtssagend-nüchternen Mauern – vorzeiten eine Traumfabrik in Betrieb stand, die mit so manchem ihrer Produkte in die Geschichte eingegangen ist. Traum ist auch in der kleinsten Hütte, auch in der grauesten Vorstadt. Es muß nur einer da sein, der fest daran glaubt. Einer wie Sascha Kolowrat.

IN DEN AUSSENBEZIRKEN

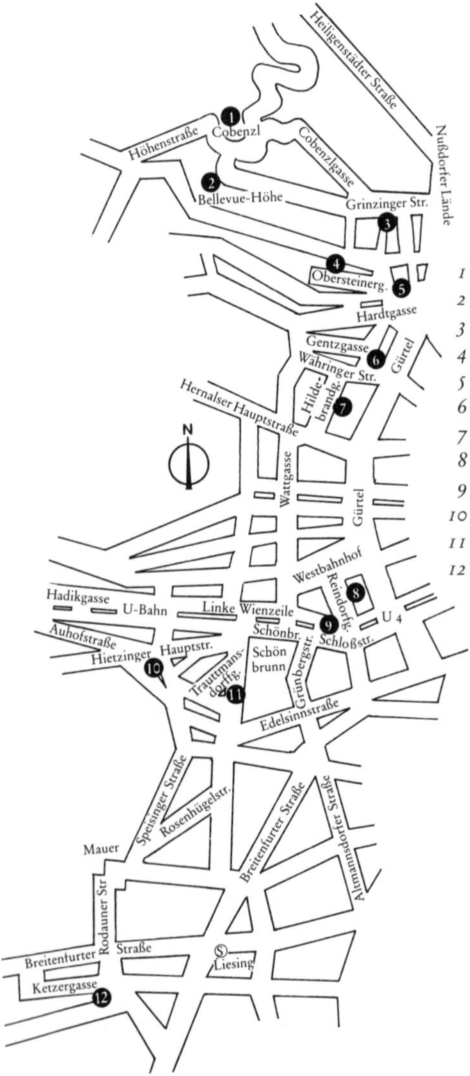

1 Carl von Reichenbach
2 Sigmund Freud
3 Albert Einstein
4 Nikolaus Lenau
5 Oskar Kokoschka
6 Egon Friedell
7 Alja Rachmanova
8 Karl Kraus
9 Jossif Stalin
10 Egon Schiele
11 Alban Berg
12 Hugo von Hofmannsthal

CARL VON REICHENBACH
COBENZL

Die Entdeckung des »Od« – Ich sag's am besten gleich: Kein Stein ist auf dem anderen geblieben, nichts mehr ist davon da. Als das Cobenzl-Schloß, schwer getroffen von den Bomben des Zweiten Weltkrieges, im Jahr 1966 niedergerissen wurde, ging mit ihm auch die Erinnerung an den wohl originellsten Insassen dieses Wienerwaldrefugiums am Rande der Millionenstadt verloren. Sogar bei den Lexikonredakteuren steht er auf der Abschußliste. Man muß also unbedingt etwas für ihn tun – für den Herrn von Reichenbach. Der Zeitpunkt ist günstig: Seitdem Bio-Welle, Ökologiediskussion und PSI-Glaube den Höhenflug der exakten Naturwissenschaften ein wenig eingebremst haben, darf man sich auch wieder ungenierter den genialen Dilettanten zuwenden. Und ein solcher war der Freiherr Carl von Reichenbach, der, 1788 in Stuttgart geboren und in seiner deutschen Heimat als Fabrikant auf vielen Gebieten erfolgreich, 1831 nach Wien kam, um sich hier seinen Lebenstraum zu erfüllen: ein hochgeachteter Gelehrter zu werden, von dessen Entdeckungen die Welt spricht.

Doch die Universität Wien verhielt sich dem wissenschaftlichen Außenseiter gegenüber abweisend – mochte ihm auch die Erfindung des Paraffins, des Kreosot und anderer wichtiger synthetischer Substanzen zu verdanken sein. Statt der Hörsäle und Labors der Alma Mater blieb Reichenbachs Wirken auf das Turmzimmer im Schloß Cobenzl beschränkt, in dem er sich niedergelassen hatte (und

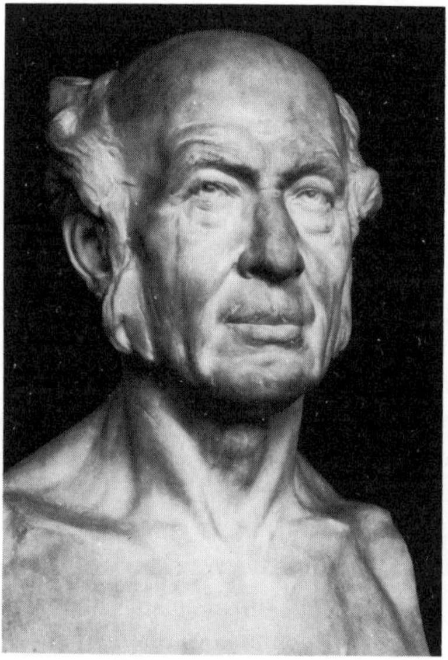

Der Magier vom Cobenzl:
Carl Freiherr von Reichenbach

das damals noch Schloß Reisenberg hieß). Von hier aus blickte der »Zauberer vom Cobenzl« (wie ihn die Wiener liebevoll-spöttisch nannten) mit seinen wunderlichen Apparaturen in den Weltraum, führte seine astronomischen Messungen durch, pflegte seine kostbaren Herbarien und seine einzigartige Meteoritensammlung, versuchte sich mit Maulbeerbaumpflanzungen in der Seidenraupenzucht und schrieb seine »odisch-magnetischen Briefe«.

Was mochte das bloß wieder sein? Reichenbachs spektakulärste, zugleich aber auch vehementest attackierte Erkenntnis, sein opus magnum. Die Entdeckung des »Od« – jener verborgenen, weder mit Magnetismus noch mit Elektrizität zu verwechselnden Strahlkraft, die wahrzunehmen nur eine bestimmte Spezies Mensch befähigt sei: der »sensitive Mensch«.

Heute, wo »Erdstrahlen« und »Rutengänger« längst auch von den sogenannten exakten Wissenschaften (oder zumindest deren vorurteilsfreien Vertretern) ernst genommen und erforscht werden, würde ein Mann wie Carl von Reichenbach nicht mehr verlacht werden. Freilich, die Art und Weise seiner Experimente mußten ihn wohl zum »Spintisierer« stempeln – etwa, wenn er in dunkler Nacht mit seinen »Medien« die Friedhöfe der Umgebung unsicher machte. So berichtete er von einem Fräulein Leopoldine Reichel, die in Reichenbachs Gegenwart »auf dem Friedhof von Grünzing, von meiner Wohnung nicht allzuweit entfernt«, die erstaunlichsten Erscheinungen gehabt habe:

»Eine Menge Totenhügel sah sie mit beweglichen Leuchten besetzt. Einige waren groß, fast wie Männer, andere klein, am Boden kriechend wie zwerghafte Kobolde. Alle aber waren in den Reihen der *jüngeren* Gräber; die *alten* Grabhügel trugen keine feurige Bewachung. Fräulein Reichel ging schüchtern und langsam darauf zu. Mit ihrer Annäherung zerflossen die menschlichen Gestalten; sie erkannte, daß es nichts anderes als leuchtende Nebel waren, wie sie sie in meiner Dunkelkammer tausendfältig gesehen. Nun wagte sie sich heran, sie fand nichts als hellen Dunst; in einen davon ging sie unerschrocken hinein; er ragte ihr bis an den Hals, sie konnte ihn mit den Bewegungen ihres Kleides zerwehen.«

Der Herr Friedhofsexperimentator blieb seinen Lesern auch die Erklärung des schaurigen Phänomens nicht schuldig, wobei er, der nüchterne Naturwissenschaftler, sich keineswegs in irgendwelches okkulte Gefasel flüchtete, sondern streng chemisch-physikalisch argumentierte:

»Was ist das? Gar nichts anderes als die faulenden Miasmen, welche die Gräber aushauchen und die über ihnen in die Luft aufsteigen, wo der Wind mit ihnen spielt und die Furchtsamkeit ihre Schwankungen im Luftzug wie Tänze lebendiger Geister ausdeutet: es ist kohlensaures Ammoniak, Phosphorwasserstoff und andere bekannte und unbekannte Verwesungsprodukte, die bei der Verdunstung Od-Licht entwickeln. Ist die Verwesung zu Ende, so hören die Leuchten auf. Bei unseren alten Weibern aber haben wir etwas gutzumachen: Die feurigen Geister über den Gräbern existieren also doch in Tat und Wahrheit!«

Reichenbach begnügte sich nicht mit der Beschreibung des von ihm beobachteten Phänomens, sondern gab auch allen »Sensitiven« (heute würden wir sagen: allen auf Erdstrahlen Ansprechenden) präzise Verhaltensmaßregeln mit auf den Weg:

»Kein Stuhl, kein Sofa, kein Sitz darf so gestellt sein, daß derjenige, der ihn einnimmt, den Rücken nach Abend kehrt, wenn er ein Sensitiver ist. Ja, sogar das Stehen mit dem Rücken nach West wird ihm unleidlich.«

Eine Dame, die öfter bei ihm auf dem Cobenzl Klavier spielte, wurde regelmäßig, sobald sie in die Tasten griff, von Unwohlsein befallen. Wieso?

»Bei einigem Nachsinnen entging mir nicht länger, daß die Saiten des Flügels sich im Meridian befanden und die Spielerin mit dem Rücken nach Süd gekehrt war. Sie saß also vor den od-positiven Polen ebenso vieler Magnete, als Stahlsaiten gegen sie heraufgespannt waren. Dies konnte sie unmöglich vertragen, sie würde nach längerem Verweilen ohnmächtig vom Stuhl gefallen sein. Ich kehrte das Klavier um, so daß die Dame im Norden desselben saß; nun war augenblicklich alles gut, und sie spielte mit Wohlbehagen und Lust.«

Reichenbachs drastischstes Beispiel: ein braver Weber, der in eine neue Wohnung umzog und von Stund an seinen Beruf nicht mehr auszuüben vermochte. »Er geriet ins

Weinhaus, vernachlässigte seine Arbeit und ging zugrunde. Der Webstuhl stand in der alten Wohnung in Nordrichtung, in der neuen in Westrichtung – dies letztere konnte er nicht aushalten; die odische Pein, deren Grund er nicht kannte, brachte den armen Mann ins Verderben.«

Vielleicht sollten die Reichenbach-Jünger (die übrigens noch 1955 eine Neuauflage der »Odisch-Magnetischen Briefe« ihres »Meisters« zustande gebracht haben!) einmal genau untersuchen, ob nicht auch das Verschwinden des Cobenzl-Schlosses, des Zentrums der Od-Forschung (und späteren Lieblings-Ausflugsziels der Wiener), letztendlich »odische« Ursachen hat ...

SIGMUND FREUD
BELLEVUE-HÖHE

Hier irrte Freud – Wo die von Grinzing heraufführende Himmelstraße, Adresse so prominenter Anrainer wie Paula Wessely (und vormals Attila Hörbiger, Karl Böhm sowie Robert Stolz), die Bellevue-Höhe erreicht, stand früher das im 18. Jahrhundert erbaute Schloß Belle Vue, das in seiner letzten Phase als Erholungsheim Verwendung fand. Heute ist, abgesehen von den Parkplatzmarkierungen, nicht einmal mehr vom Nachfolgebau etwas zu sehen – einem Großheurigen der Gemeinde Wien: Auch er, obwohl erst 1963 eröffnet, ist inzwischen abgerissen. Geblieben ist nur der Blick auf die Wienerstadt. Und geblieben ist eine Marmorstele mit Bronzetafel, in die die Handschrift Sigmund Freuds eingraviert ist – Faksimile einer Briefstelle von folgendem Wortlaut:

»Glaubst Du eigentlich, daß an dem Haus dereinst zu lesen sein wird: ›Hier enthüllte sich am 24. Juli 1895 dem Dr. Sigmund Freud das Geheimnis des Traumes‹? Die Aussichten sind bis jetzt hiefür gering.«

Freuds Skepsis ist seit dem 6. Mai 1977 widerlegt: Das von ihm mehr scherzhaft urgierte Emblem hat tatsächlich Gestalt angenommen; Dr. Anna Freud, seine Tochter, ist zu der Enthüllungszeremonie auf dem Aussichtsplateau am Rande des Wienerwalds eigens nach Wien gekommen. Eine andere Frage ist es, ob es gelingen wird, den Strom der Freud-Pilger, die, aus allen Teilen der Welt anreisend, die ehemalige Freud-Ordination in der Berggasse aufsuchen (in der Hoffnung, die in Wirklichkeit in London aufbewahrte Behandlungscouch zu sehen), auch auf die Bellevue-Höhe zu lenken, wo sich ihrem Idol »das Geheimnis des Traums enthüllt« hat. Ein unscheinbarer Steinplattenpfad mit einem Gedenkstein an seinem Ende – das ist der großen Masse der Kulturtouristen, denen der Sinn nach Handgreiflicherem steht, wohl doch zu wenig, und so lassen es die meisten von ihnen mit einem flüchtigen Blick auf jene historische Photographie bewenden, die, in einem der Räume des Sigmund-Freud-Museums in der Berggasse ausgestellt, die Außenansicht des damaligen Kurhotels Belle Vue wiedergibt.

Es ist schon der zweite Sommer, den Dr. Sigmund Freud, 39 Jahre alt, mit seiner Familie als Gast der Familie Ritter von Schlag in diesem »einzelstehenden Haus auf einem der Hügel, die sich an den Kahlenberg anschließen«, verbringt. Es gefällt ihm hier oben: »Das Leben auf Belle Vue gestaltet sich für alle sehr angenehm; nach Flieder und Goldregen duften jetzt Akazien und Jasmin, die Heckenrosen blühen auf, und zwar geschieht das alles, wie ich auch sehe, plötzlich.«

Noch etwas anderes geschieht plötzlich, und es ist etwas für den Fortgang seines wissenschaftlichen Werks sehr Bedeutsames: Sigmund Freud hat – es ist die Nacht vom 23. auf den 24. Juli 1895 – einen Traum, den er »unmittelbar nach dem Erwachen« in allen Einzelheiten fixiert und einer minutiösen Deutung unterzieht. In seinem viereinhalb Jahre später erscheinenden Standardwerk »Die Traumdeutung« wird dieses Schlüsselerlebnis, das als »Traum von Irmas Injektion« in die Geschichte eingeht, volle 17 Seiten einnehmen. Die Vorgeschichte schildert er wie folgt:

»Im Sommer 1895 (Freud hatte nun schon eine gutgehende Praxis mit sechs bis acht Patienten pro Tag, konnte sich die Fälle aussuchen und begann seine Preise zu diktieren) hatte ich eine junge Dame psychoanalytisch behandelt,

23./24. Juli 1895: Sigmund Freuds »Traum-Hotel«

die mir und den Meinigen freundschaftlich sehr nahestand. Die Kur endete mit einem teilweisen Erfolg, die Patientin verlor ihre hysterische Angst, aber nicht alle ihre somatischen Symptome. Ich war damals noch nicht recht sicher in den Kriterien, welche die endgültige Erledigung einer hysterischen Krankengeschichte bezeichnen, und mutete der Patientin eine Lösung zu, die ihr nicht annehmbar erschien. In solcher Uneinigkeit brachen wir der Sommerzeit wegen die Behandlung ab.«

Kurze Zeit später trifft Freud mit einem ihm befreundeten jüngeren Kollegen zusammen, der ihm von einem Besuch bei der fraglichen Patientin berichtet. Es geht »Irma« (deren wirklicher Name Emma ist) »besser, aber nicht ganz gut«. Freud, der aus diesem Urteil einen Vorwurf herauszuhören glaubt, ärgert sich darüber und schreibt noch am selben Abend »Irmas« Krankengeschichte nieder, um diese, quasi zu seiner Rechtfertigung, einem »damals tonangebenden« Fachkollegen vorzulegen.

In der darauffolgenden Nacht erscheint ihm »Irma« im

Stein des Anstoßes: dem Traum ein Denkmal

Traum – auf einem Fest in der Halle des Belle Vue. Auch andere Personen aus seinem Umkreis treten in dem Traum auf, »Irmas« Beschwerden stehen zur Debatte, die verschiedensten Ärzte versuchen sich an deren Behebung, einer von ihnen verabreicht der Patientin eine Trimethylamin-Injektion – eine Therapie, die Freud im höchsten Grade leichtfertig erscheint. Bei genauer systematischer Analyse des Trauminhalts geht Sigmund Freud dessen »Sinn« auf:

»Der Traum erfüllt einige Wünsche, welche durch die Ereignisse des letzten Abends in mir rege gemacht worden sind, nämlich, daß ich nicht schuld bin an dem noch vorhandenen Leiden Irmas«, sondern jener Kollege, der ihn mit seiner Bemerkung über Irmas unvollkommene Heilung verärgert hat. »Der Traum rächt mich an ihm, indem er den Vorwurf auf ihn selbst zurückwendet.« Freuds Schlußfolgerung: »Der Traum ist eine Wunscherfüllung.« Kein somatisches, sondern ein psychisches Phänomen: Seelenleben während des Schlafzustandes. Die Erforschung der Traumsprache müßte also Erkenntnisse über die Psyche ermöglichen, die anders nicht zu erschließen und für die Behandlung von Neurosen äußerst hilfreich sind.

Sigmund Freud macht mit einem eigenen Traum, mit einer Selbstanalyse den Anfang, und wenn ihm hierin auch zunächst noch nicht allzu viele folgen wollen (acht Jahre müssen vergehen, bis die 600 Exemplare der im November 1899 im Verlag Franz Deuticke erscheinenden Erstausgabe der »Traumdeutung« abverkauft sind): Das Gästezimmer im Kurhotel Belle Vue, wo ihm die entscheidende Erkenntnis geglückt ist, bleibt für die Freudianer ein geheiligter Ort der Erleuchtung. Und für ihn selber bleibt »Die Traumdeutung« zeitlebens sein liebstes Buch. Vielleicht gerade, weil es so lange umstritten, so »schweigsam verurteilt« gewesen ist. »Ich selbst«, so resümiert er in einem seiner vielen Briefe an den Freund und Kollegen Wilhelm Fließ, »habe bis jetzt noch keine Korrektur aufgefunden. Es ist und bleibt wohl wahr.«

ALBERT EINSTEIN
GRINZINGER STRASSE 70

Per Adresse Ehrenhaft – »Wien ist jetzt überaus schön. Sie haben Wien ja nur in schlechten Zeiten gesehen. Die politischen Verhältnisse können die Gemütlichkeit des Lebens in Wien in keiner Weise stören. Also bitte, Herr Einstein, sagen Sie nicht gleich nein!«

Professor Felix Ehrenhaft an Professor Albert Einstein, November 1929. Der Ordinarius für Physik an der Universität Wien an den berühmten Kollegen in Berlin. Ehrenhaft ist nicht nur der Sprecher des vor kurzem gegründeten »Komitees zur Veranstaltung von Gastvorträgen ausländischer Gelehrter der exakten Wissenschaften«, dessen Aktivitäten, vom Unterrichtsministerium und von der Industrie gefördert, die Wiener Wissenschaftsszene beleben sollen, sondern sieht sich auch als Freund des Vaters der Relativitätstheorie und bietet ihm daher Kost und Logis unter seinem eigenen Dach an: »zwei gemütliche Fremdenzimmer samt Vorzimmer, getrennt im nächsthöheren Stockwerk«.

Es ist das Haus Grinzinger Straße 70 – die Heiligenstädter Pfarrkirche, das Beethoven-Grillparzer-Haus, wo der Achtunddreißig- und der Siebzehnjährige eine Weile gleichzeitig gewohnt haben, und die Peripherie der Grinzinger Heurigenszene prägen die unmittelbare Nachbarschaft. Die diversen Arztpraxen in dem heute vielfältig genutzten Miethaus geben diesem noch immer einen quasi naturwissenschaftlichen Anstrich, eine Gedenktafel neben dem Portal erinnert an den berühmten Gast.

Doch noch ist es nicht soweit: Einstein läßt sich bitten – fast zwei Jahre lang.

Es ist nicht sein erster Besuch in Wien: Schon 1921, in seinem »Nobelpreis-Jahr«, spricht er vor 3000 Zuhörern im Großen Saal des Konzerthauses; wissenschaftliche Tagungen führen ihn 1909 nach Salzburg, 1924 nach Innsbruck und 1913 nach Wien; und in den Jahren 1911/12 trägt er – als Ordinarius der deutschen Universität in Prag – sogar die prunkvolle österreichische Beamtenuniform mit Degen und Dreispitz (in der er sich wie ein brasilianischer Admiral vorkommt). Er trägt sie freilich nur ein einziges Mal: als er beim Amtsantritt den Treueeid ablegt. Zum halben Preis gibt er das neuwertige Stück an seinen Amtsnachfolger weiter.

Zurück nach Wien, zurück in die Grinzinger Straße. Professor Felix Ehrenhaft und seine Gattin Olga, ebenfalls eine Kapazität auf dem Gebiet der Physik, berufen sich bei ihrer Einladung nicht nur auf ein mündliches Versprechen, das ihnen Einstein vor einiger Zeit gegeben hat, sondern auch auf ihr persönliches Nahverhältnis: Wiederholt sind sie bei Albert und Elsa Einstein in Berlin zu Gast gewesen. Daß es zwischen den beiden Forschern degagiert und humorvoll zugeht, zeigt die Art und Weise, wie Ehrenhaft dem großen Kollegen seine neuesten Erkenntnisse mitteilt: in Gedichtform. Eines der Telegramme endet mit dem Vers:

»Neue Physik tritt in Kraft.
Beste Grüße, Ehrenhaft.«

Dennoch: Wien muß sich gedulden. Einmal redet sich der Vielumworbene auf seine angegriffene Gesundheit aus, einmal auf die noch nicht verkrafteten Strapazen einer Amerikareise, einmal auf eine »sonstige starke Belastung«. Auch Ehrenhafts Angebot, das ursprünglich mit 1200 Schilling bezifferte Vortragshonorar zu verdoppeln, und sein Ver-

Herbst 1931: Einstein in Wien

such, Einsteins Assistenten, einen gebürtigen Wiener, in das Unternehmen miteinzuspannen, führen nicht zum Erfolg. Nicht einmal die Aussicht auf die hochgeschätzten hausgemachten Vanillekipferln der Schauspielerin Elisabeth Bergner, die mit ihm eng befreundet ist, vermag ihn zu erweichen. »Mit Rücksicht auf die besonderen Verhältnisse bei den Wiener Akademikern, welche in letzter Zeit wieder so eklatant zutage getreten sind, halte ich es nicht für richtig, in absehbarer Zeit in Wien einen Vortrag zu halten«, schreibt Einstein am 27. Juni 1931 und spielt damit auf den zunehmenden Antisemitismus auf dem Wiener akademischen Boden an. Erst als Ehrenhaft den Kollegen Einstein darüber aufklärt, daß »die führenden Personen der Studentenkrawalle« gar nicht österreichischer, sondern »reichsdeutscher Nationalität« waren, »die von den bezüglichen deutschen Organisationen zu diesem Zweck nach Wien kamen«, findet sich Einstein zu einer Zusage bereit.

Am 13. Oktober um 9.30 Uhr holt Prof. Felix Ehrenhaft,

begleitet von Dr. Clodius, dem deutschen Geschäftsträger, den hohen Gast vom Westbahnhof ab. Einstein bezieht sein Quartier in der Grinzinger Straße, den Nachmittag verbringt man im Wienerwald, für den folgenden Tag ist der Vortrag vorgesehen. Titel: »Über den gegenwärtigen Stand der Relativitätstheorie«. Die beiden Hörsäle des Physikalischen Instituts und ein weiterer werden über Lautsprecher miteinander verbunden, schon um 17 Uhr wird das Gebäude für alle Nichtgeladenen hermetisch geschlossen, ein doppelter Kontrollkordon sorgt dafür, daß keine Störenfriede eindringen können, berittene Polizei umstellt das Gebäude, um 18.45 Uhr betritt Albert Einstein den Saal.

Nicht nur der Vortrag selbst, mehr noch das nachfolgende Presseecho macht das Ereignis zum Tagesgespräch von Wien. Ein bedeutender Wiener Gelehrter der Folgegeneration, der Erbauer der legendären Rechenanlage »Mailüfterl«, Prof. Heinz Zemanek, hat dafür später die schöne Formel gefunden: »Die Wiener mochten Einstein; relative Weltansichten sind hier beliebt.« Der Karikaturist der Kronen-Zeitung zeigt den Vater der Relativitätstheorie in einer fiktiven Heurigenszene beim Weinverkosten und legt ihm den Satz »Der da ist relativ der beste!« in den Mund.

Am dritten Tag seines Wien-Aufenthalts schiebt Einstein eine Ruhepause ein, am vierten und letzten unternimmt er eine Stadtrundfahrt. Passanten, die ihn um Autogramme bitten, weist er freundlich zurück: Dergleichen tue er grundsätzlich nicht. Im Bethaus in der Seitenstettengasse wird er vom Präsidenten der Israelitischen Kultusgemeinde willkommen geheißen, am Abend besteigt er auf dem Ostbahnhof den Nachtzug nach Berlin.

Natürlich muß auffallen, daß das offizielle Wien von dem berühmten Gast kaum Notiz nimmt. Der vertrauliche Bericht der Deutschen Botschaft ans Auswärtige Amt erwähnt ausdrücklich, »daß die offiziellen österreichischen Stellen Prof. Einstein gegenüber, weil er Jude ist und als politisch links eingestellt gilt, besondere Zurückhaltung beobachteten. Weder der Unterrichtsminister noch die Rektoren der Hochschulen wohnten dem Vortrage, zu dem im übrigen natürlich ein sehr großer Andrang herrschte, bei«. Als weiteren Grund führt Botschafter Clodius in seinem Rapport an, »daß der Wiener Universitätsprofessor, der die Vorbereitungen für den Vortrag geleitet und bei dem Prof. Einstein auch gewohnt hat, offenbar im Unterrichtsministerium sehr schlecht angeschrieben ist.«

Wasser auf die Mühlen der Einstein-Gegner ist natürlich das Interview, das der Nobelpreisträger – schon auf der Heimreise nach Berlin, aber noch auf österreichischem Boden – einem im Zug mitfahrenden Journalisten gibt: »Wenn es der Kommunismus ist, der der Menschheit die Erlösung bringt, dann werden Sie mich als begeisterten Kommunisten sehen.«

NIKOLAUS LENAU
OBERSTEINERGASSE 18-24

Prognose: traurig – Die »Privatkrankenanstalt für neurologische und psychiatrische Krankheiten« in der Obersteinergasse hat gerade wieder einmal den Besitzer gewechselt, größere Veränderungen stehen bevor, die Handwerker rüsten zum Umbau. Da heißt es besonders gut hinschauen – sonst entgeht einem das unauffällige Denkmal im Hof: der niedrige Obelisk mit dem Nikolaus-Lenau-Medaillon. Verbeugung vor dem berühmtesten Patienten des Hauses: Hier hat der große Melancholiker unter den Versdichtern des 19. Jahrhunderts als »Unheilbarer« seinem Ende entgegengedämmert. Zehn Jahre später verzeichnet die Anstaltschronik noch ein zweites Mal einen prominenten Toten: Graf István Széchényi. Der ungarische Staatsmann schießt sich eine Kugel in den Kopf: April 1860. Aber dem Dichter flicht die Nachwelt die dauerhafteren Kränze als dem Politiker: Geblieben ist nur die Erinnerung an Lenau.

Und an Sigmund Freud, der, weitere 25 Jahre später, in der Görgen'schen Irrenanstalt in Oberdöbling (so ihr ursprünglicher Name) für drei Wochen eine Vertretung übernimmt. Freud ist gerade Universitätsdozent geworden, nun wartet er auf ein Stipendium, das ihm eine Studienreise nach Paris ermöglichen soll. Am 7. Juni 1885 nimmt er die Arbeit auf dem Interimsposten auf, der ihn wohl auch der hier angewendeten modernen Behandlungsmethoden wegen reizt: In der Obersteinergasse arbeitet man bereits mit Hypnose.

Daran hat sich seit Lenaus Zeit nicht viel geändert: Unter

allen Wiener Sanatorien hat dieses die exaltiertesten Patienten. Und die reichsten. Grafen, Komtessen, Barone trifft Freud an – sogar einen Sohn der wiederverheirateten Napoleon-Witwe Marie Louise. »Du glaubst nicht«, schreibt er gleich an einem der ersten Tage an seine Braut Martha Bernays, »wie schäbig diese Fürsten und Grafen aussehen, obwohl sie nicht eigentlich schwachsinnig, sondern nur so ein Gemisch von schwachsinnig und exzentrisch sind.« Bei seinen Krankenvisiten muß der Dr. Freud Zylinder und weiße Handschuhe tragen, als weibliches Pflegepersonal sind nur Mädchen von ausgesuchter Schönheit zugelassen. »Man könnte hier«, schreibt er weiter, »wirklich idyllisch mit Frau und Kind leben, wenn nicht das fördernde und belebende Element des Kampfes ums Dasein fehlen würde.«

Als am 12. Mai 1847 der dem Wahnsinn verfallene Dichter Nikolaus Lenau (Diagnose: progressive Paralyse) in Oberdöbling eingeliefert wird, ist das Institut, ein stattlicher Bau inmitten weitläufiger Parkanlagen, noch relativ jung. 1819 hat der Nervenarzt Bruno Görgen die Bewilligung zur Errichtung einer »Privatirrenanstalt« erhalten. Sie befindet sich zunächst in Gumpendorf, 1831 erfolgt die Übersiedlung ins landschaftlich reizvollere Oberdöbling. 1842 stirbt der Gründer, nun leitet sein Sohn das weit über Wien hinaus renommierte Haus.

Mit Nikolaus Lenau verbindet Bruno Görgen junior nicht nur eine Jugendfreundschaft, er ist auch ein Bewunderer seines dichterischen Werks. Obwohl dem Schwerkranken nicht wirklich geholfen werden kann – die Spätfolgen der Lues sind nun voll ausgebrochen –, ist er hier auf jeden Fall besser aufgehoben als in dem primitiven Irrenhaus Winnenthal bei Stuttgart, wo man ihn zuerst untergebracht hat; außerdem zahlt er für die vergleichsweise luxuriöse Pflege in Wien lediglich einen Freundschaftspreis.

Wenn man heute durch das Gelände der ehemals Görgen'schen Irrenanstalt spaziert, mag einem Lenaus Gedicht »Der Kranke im Garten« in den Sinn kommen:

Noch eine Nachtigall, so spät?
Schon sind die Blüten längst verweht,
Der Sommer reift die Felder schon –
Und noch ein Frühlingston?
O Lenz, ward es dir offenbar,
Daß ich noch sterbe dieses Jahr?

Man hüte sich, diese Verse anders als prophetisch zu interpretieren: Hierselbst hat der Todgeweihte keine einzige Zeile mehr geschrieben, sogar an die Stelle des Sprechens sind Lall- und Gröllaute getreten.

Im Grunde liest sich die ganze Biographie dieses Nikolaus Niembsch Edlen von Strehlenau, der sich als Schriftsteller Nikolaus Lenau nennt, wie eine Krankengeschichte: von der frühkindlichen Tuberkulose über Angina und Hepatitis, Skorbut und Scharlach, Rheuma und Neurasthenie bis zu jener alles zerstörenden Syphilis, die sich der Dreißigjährige entweder auf der Reise nach Amerika holt (an Bord des unhygienischen Schiffes, mit dem er reist) oder in Amsterdam, wo er einen Monat auf die Abreise wartet und sich unterdessen hemmungslos ins Nachtleben stürzt.

Hinzu kommt, daß er wohl zu keiner Zeit seines Lebens auf seine Gesundheit geachtet hat. Sophie von Löwenthal, die Dauerfreundin in Wien, klagt: »Er hat seinen Körper jahrelang mißhandelt, ist nie spazierengegangen, hat nie gebadet, ja sogar im Winter streng verboten, seine von Tabakqualm verpesteten Zimmer zu lüften.«

Als er sich im Herbst 1844 wieder einmal leidenschaftlich verliebt und Sophie allen Ernstes eine »ménage à trois« mit der Frankfurter Patriziertochter Marie Behrends vorschlägt, bricht die Todeskrankheit voll aus: Ein Schlaganfall lähmt die rechte Gesichtshälfte, die fortschreitende

Lenau-Obelisk im Park der »Görgen'schen Irrenanstalt«

Gehirnerweichung reduziert seine Existenz aufs rein Vegetative.

Der Transfer von der schwäbischen in die Wiener Irrenanstalt, drei Jahre später, wird für seine Begleiter zum Horrorerlebnis: In dem Gasthaus in Regensburg, wo man das Nachtquartier nimmt, demoliert er die Stühle – er muß in die Zwangsjacke gesteckt werden. Nur der Rest der Reise – mit dem Donauschiff nach Wien – verläuft einigermaßen ruhig.

In der Irrenanstalt in Oberdöbling kommt das eiligst einberufene Ärztekonsilium, an dem unter anderem der kaiserliche Leibarzt Seeburger und der Dekan der medizinischen Fakultät, Freiherr von Feuchtersleben, teilnehmen, zu der lapidaren Prognose »traurig« und zu dem Therapievorschlag »Abweisen einer irgend heftig wirkenden Methode«.

In seinem Gedicht »An den Tod« hat Lenau Jahre zuvor die Bitte ausgesprochen:

Wenn's mir einst im Herzen modert,
Wenn der Dichtkunst kühne Flammen
Und der Liebe Brand verlodert,
Tod, dann brich den Leib zusammen!
Brich ihn schnell, nicht langsam wühle!

Fritz Felzmann und Josef Grafenauer haben in ihrer Studie über »Nikolaus Lenaus Leben und Sterben in ärztlicher Sicht« eindrucksvoll dargestellt, auf wie grausame Weise diese Bitte unerfüllt geblieben ist: Noch drei Jahre Martyrium muß der Dichter durchstehen; dann erst, am 22. August 1850, erlöst ihn, 48jährig, der Tod.

OSKAR KOKOSCHKA
HARDTGASSE 27

Das zweite Ich – Frühjahr 1914. Oskar Kokoschka und Alma Mahler, in drei Jahre währender Ekstase einander verbunden, gehen auseinander: Aus dem Rausch ist Katzenjammer geworden. Der Künstler, gerade 28 geworden, bewohnt ein Atelier mit Schlafkammer in Döbling, Hardtgasse 27. Sein Freund und Mentor Adolf Loos hat dem Wiener Nobelschneider und Tuchhändler Leopold Goldman nach dem heftig umstrittenen Geschäftshaus am Michaelerplatz nun auch eine Residenz gebaut, und dort, im Dachgeschoß des linken Flügels, nimmt OK Quartier. Es ist das berühmte »schwarze Atelier«. Aber nicht aus Trauer um die zerbrochene Liebe zum »Almscherl«, wie es später heißen wird, wählt Kokoschka das makabre Interieur, sondern aus künstlerischen Gründen: Damit sich die Farben seiner Bilder besser vom Hintergrund abheben.

Eines, das in diesen Tagen entsteht, wird später seinen Hauptwerken zugerechnet werden: »Die Windsbraut«. Zwei Liebende in einem Boot, das auf dem Weltmeer dahintreibt – Hymnus und Abgesang auf das »Alma-Erlebnis«. Breit fließende Farben – teils glutvoll, teils eisig – symbolisieren das dramatische Nebeneinander von Glückseligkeit und Verlorenheit, donauländisch-barockes Erbe schlägt durch. Und vor allem äußerste persönliche Betroffenheit – man vergleiche Kokoschkas expressionistisches Temperament mit der strengen Stilisiertheit von Gustav Klimts sechs Jahre vorher entstandenem »Kuß«.

Ursprünglich soll das Bild (Format: 181 mal 220 Zentimeter) den Titel »Das große Boot« erhalten – sowohl die Vorzeichnungen wie ein für Alma Mahler bemalter Fächer mit dem nämlichen Motiv sind, was die äußere Situation betrifft, noch konkreter als das fertige Ölgemälde, dessen Meereswellen sich ebensogut auch als Wolken deuten lassen. Alma Mahler selbst (die es ihr schönstes Porträt nennt) sieht nur die Pranke des »Macho«: »wie ich im Sturm und höchsten Wellengang vertrauensvoll an ihn angeschmiegt liege – alle Hilfe von ihm erwartend, der, tyrannischen Antlitzes, energieausstrahlend die Wellen beruhigt.« Anders OK: »Aus dem großen Atelierfenster sah ich, wie die fahle Nacht einbrach, der Mond aufging und im Lichtglanz über dem langen Dach und dem Häusermeer weidete. Es erhob sich ein Wind, die Luft war plötzlich kühl, mich fröstelte, der Tag war dahin. Die Melancholie hatte sich mit der Stille vermählt, so daß ich erst jetzt richtig der Zeit, die vergangen war, gewahr wurde und auch, daß meine große Liebe wie auf Sandalen aus der azurnen Spiegelung der Sonne ins Schattenland der Chimären geschlichen war. Mein großes Bild, das mich und das einst so geliebte Weib auf einem Wrack im Weltmeer darstellt, war beendet.«

Kokoschka ist an diesem Abend in seinem »schwarzen Atelier« in der Hardtgasse nicht allein, sondern hat einen nachmals Hochberühmten bei sich zu Gast: Georg Trakl. Der Maler und der ein Jahr jüngere Dichter, der sich zu dieser Zeit, von einer Enttäuschung in die andere taumelnd, in den verschiedensten Brotberufen versucht, sind häufig zusammen. OK über jenen Abend: »Außer der großen Staffelei, auf der die ›Windsbraut‹ stand, war nur ein leeres Faß da, das statt eines Stuhls als Sitzgelegenheit diente. Ich gab Trakl Wein und arbeitete weiter an meinem Bild, er sah schweigend zu. Er war aus Salzburg gekommen, völlig durchnäßt vom Regen, denn er liebte es, lange Wege versonnen zu gehen, ohne Tag oder Nacht zu bemerken.«

Plötzlich habe der Dichter zu sprechen begonnen: »eine Stimme wie ein zweites Ich ... Georg Trakl trug Trauer um seine verstorbene Zwillingsschwester, der er in mehr als brüderlicher Liebe verbunden gewesen ist. Und plötzlich hat er begonnen, ein Gedicht zu sagen. Wort für Wort, Reim für Reim hat er langsam vor sich hin gesprochen. Trakl hat das merkwürdige Gedicht ›Die Nacht‹ vor meinem Bild geformt, bis er es auswendig sagen konnte:

> ... Über schwärzliche Klippen
> stürzt todestrunken
> die erglühende Windsbraut ...«

Mit der »bleichen Hand« habe er auf die Staffelei gezeigt und das gerade fertiggewordene Bild »Die Windsbraut« genannt. Malerei und Dichtung in mystischer Vereinigung – eine viel zu schöne Episode, als daß es der nüchternen Wissenschaft gelingen wird (und zu gönnen ist), sie als eine der vielen Flunkereien des bekannt phantasiereichen Kokoschka zu entlarven.

Übrigens geht die Geschichte noch weiter. Kokoschka berichtet, daß er den Freund und Schicksalsgenossen (»Wir waren beide Abtrünnige des bürgerlichen Lebens, ich hatte gerade das Elternhaus verlassen, und es gab Stürme um meine ersten Ausstellungen«) bei dieser Gelegenheit porträtiert hat: eine »flüchtige Zeichnung von ihm«. Die Kohleskizze (»Der Dichter Georg Trakl nach dem Gedächtnis«), zunächst im Besitz von Adolf Loos, befindet sich heute in der Sammlung Knize in den USA. Und auch Trakl seinerseits (»Er war damals täglich um mich«) habe gelegentlich gemalt: »Ich habe selber einmal ein Porträt von ihm gesehen.«

Doch zurück zur »Windsbraut«. Schon kurz nach seiner Entstehung – Ende Mai 1914 – ist das Gemälde (das heute zu den Prunkstücken des Basler Kunstmuseums zählt) öffentlich ausgestellt: bei der Jahresschau der »Neuen Münchner Sezession«. Ein Hamburger Apotheker erwirbt es; vom Erlös kauft OK ein Reitpferd, das Halbblut »Minden Ló«, mit dem der Kriegsfreiwillige – inzwischen ist der Erste Weltkrieg ausgebrochen – bei der Kavallerie einrückt. »Für die Infanterie war ich nicht rüstig genug, für die Artillerie zu schwach in Mathematik.« Freund Adolf Loos sorgt dafür, daß Kokoschka im »vornehmsten Reiterregiment der Monarchie« unterkommt, »in welchem der Hochadel aller Kronländer und Prinzen aus dem Kaiserlichen Haus dienten« und jeder sein eigenes Pferd mitbringen mußte. Und auch das edle Tier »hält Wort«: Es bringt Kokoschka, wie der Pferdehändler ihm hoch und heilig versprochen hat, nach erfolgtem Militärdienst »glücklich nach Hause zurück« (allerdings schwer verwundet).

Auch die übrige Ausrüstung des Offiziersanwärters muß »standesgemäß« sein. Dafür sorgt Kokoschkas Quartiergeber in der Hardtgasse, der Schneider Leopold Goldman, der sich dem jungen Künstler unter seinem Dach schon deshalb besonders verpflichtet fühlt, weil dieser vor einigen Jahren sein erstes Kind porträtiert hat – als Baby von wenigen Wochen. Im Schneidersalon des berühmten »Loos-Hauses« vis-à-vis der Hofburg wird OK also eingekleidet: hellblaues Jackett mit weißen Aufschlägen, rote Breeches, goldener Helm.

Daß auch die Goldman-Residenz in Döbling samt Kokoschkas »schwarzem Atelier« ein Loos-Bau ist, war jahrzehntelang unbekannt. Man wollte nach den wüsten Querelen um das Haus am Michaelerplatz weiteres Aufsehen vermeiden. Und noch ein zweiter Grund wird vermutet, warum die Loos-Baupläne für das Anwesen Hardtgasse 27/29

Der junge Kokoschka

unveröffentlicht geblieben sind: Goldmans Residenz war nicht nur mit dem luxuriösesten Interieur ausgestattet, mit Reitstall, »Elektromobil«-Garage, Tennisplatz und Kegelbahn, englischem und französischem Garten, Glashaus und eigener Bachanlage, sondern auch – in einem gleichfalls von Loos entworfenen, nur über eine schmale, mehrfach abgesicherte Spezialstiege erreichbaren Souterraintrakt – Sitz einer Geheimorganisation. Die unter der prunkvollen Hausherrenwohnung gelegenen Versammlungsräume waren nach rituellen Gesichtspunkten angeordnet und nur durch eine in einem der Schlafzimmerschränke verborgene Geheimtür zugänglich.

Von alledem sind heute – das Haus Hardtgasse 27/29,

1910/11 erbaut, 1933 verkauft, ist 1945 von Bomben getroffen worden – nur noch Fragmente erhalten. Die Straßenfassade des einst dem Hausherrn vorbehaltenen Mitteltraktes ist bis auf das von dorischen Säulen flankierte Portal neu gestaltet, nur die beiden viergeschossigen Seitentrakte mit den Mietwohnungen sind unverändert geblieben. Sämtliche Spuren zu Oskar Kokoschka, zu Georg Trakl und zur »Windsbraut« sind ausgelöscht.

EGON FRIEDELL
GENTZGASSE 7

»Unsere Welt ist am Ende ...« – Die Österreichische Gesellschaft für Literatur hat am Hauseingang eine Gedenktafel anbringen lassen: Hier hat sich am 16. März 1938 gegen 22 Uhr der Schriftsteller Egon Friedell aus einem der Fenster seiner im dritten Stock gelegenen Wohnung auf die Straße gestürzt. Wien-Währing, Gentzgasse 7. Es ist das Eckhaus – dort, wo sich Gentzgasse und Semperstraße kreuzen, man erkennt es sofort an seinen vorspringenden Erkern, die Friedell-Wohnung war die einzige mit offenem Balkon. Wie viele Passanten mögen inzwischen an der in die Geschichte des politischen Selbstmords eingegangenen Adresse innegehalten und den Blick nach oben gerichtet haben: War es dieses Fenster? Oder jenes? Oder das nebenan? Und wieviele mögen sich dabei wie alberne Katastrophengaffer vorgekommen und, von Skrupeln verstört, weitergeeilt sein?

Bis zuletzt hatte der Kulturhistoriker, Essayist, Kabarettist und Schauspieler Egon Friedell recte Friedmann, Sohn eines jüdischen Tuchfabrikanten, fest geglaubt, die »neuen Herren« könnten ihm, dem »deutschen Schriftsteller«, nichts anhaben. Weder Alfred Polgar, der ihm zur Flucht verhelfen, noch Franz Theodor Csokor, der ihn nach Polen mitnehmen wollte, vermochten ihn vom Ernst der Lage zu überzeugen. Einfach seine Wohnung aufgeben – und mit ihr die Riesenbibliothek, die Manuskriptstöße, sein Lebenswerk? Ausgeschlossen. Auch Berta Zuckerkandl, Tochter des Zeitungsverlegers Moritz Szeps und Gattin des Anatomen Emil Zuckerkandl, die noch am Tag des Anschlusses, begleitet von dem französischen Schriftsteller Paul Géraldy und Paul Clemenceau, dem Bruder des französischen Staatsmannes, bis ins Detail die gemeinsame Flucht vorbereitet hatte, verließ das Haus Gentzgasse 7 unverrichteter Dinge: Egon Friedell war nicht dazu zu bewegen, sich den dreien anzuschließen: Der für ihn freigehaltene Platz im vorm Haus wartenden Diplomatenwagen blieb unbesetzt.

Wie es damals, in jenen Märztagen 1938 nach dem Einmarsch Hitlers in Österreich, zuging, zeigt ein Brief, den der Dramatiker Franz Theodor Csokor »in höchster Eile, zwischen zwei Zügen« an einen Freund in Mährisch-Ostrau schrieb:

»Ich habe freiwillig Wien verlassen und bin auf der Fahrt nach Polen. Wien wurde von Tag zu Tag grauenhafter. Menschen, von einer johlenden Plebs umringt, müssen unter Prügeln und Püffen das Pflaster schrubben, mit einer Zahnbürste Klosetts reinigen oder mit den eigenen Nägeln die Schuschnigg-Plakate von den Wänden kratzen.« Und dann – schildernd, wie er, Friedells Sekretär Walther Schneider und die junge Schriftstellerin Dorothea Zeemann vergeblich versucht hätten, auch Egon Friedell zur Emigration zu bewegen – die ergreifenden Sätze: »Im Stiegenhaus umarmten wir noch einander. Als ich den nächsten Tag anrief, erfuhr ich, bald nach unserem Abschied seien zwei Burschen bei ihm erschienen, ihn zum Straßenwaschen abzuholen. Er folgte ihnen aber nicht, sondern sprang durch das Fenster drei Stock in die Tiefe, im Sturze noch ›Hallo‹ schreiend, damit unten die Passanten ausweichen mögen. So starb der Autor der in alle großen Sprachen übersetzten ›Kulturgeschichte der Neuzeit‹, als diese Kulturgeschichte zu Ende war.«

Flucht in den Tod: Egon Friedells Wohnhaus in der Gentzgasse

Daß dieser Selbstmord keine momentane Panikreaktion, sondern sein fester Vorsatz für den »Fall der Fälle« war, hat später Dorothea Zeemann bezeugt: Sowohl sie wie Freund Csokor habe er flehentlich um »Hilfe« angegangen: »Friedell kniete vor mir und bat mich, ihm Gift zu besorgen, er kniete vor Csokor und bat um einen Revolver.«

»Geh mit mir nach Polen«, schlug ihm Csokor vor.

Friedells Antwort: »Dort kommen sie auch hin, sie kommen überall hin. Unsere Welt ist am Ende. Es ist aus.«

Weitere erschütternde Details vom Geschehen in der Gentzgasse 7 an jenem 16. März 1938 hat Kurt Dieman mitgeteilt (dessen Vater im Nebenhaus gewohnt hat): Die beiden jungen SA-Leute, die gegen 10 Uhr abends bei Friedell Sturm läuteten, gaben als Verhaftungsgrund an, Friedell habe – wie es später gerüchteweise hieß: von einem Geschäftsmann in der allernächsten Nachbarschaft wider besseres Wissen »vernadert« – vom Balkon seiner Wohnung aus auf eine Hakenkreuzfahne geschossen. Während Friedells Haushälterin und Lebensgefährtin (die sich prompt »Judenhure« nennen lassen mußte), die (gemeinsame?) Tochter und deren Mann, ein aus familiärer Rücksicht im gleichen Haushalt geduldeter, illegaler Nazi (der aber nun, offen Widerstand leistend, seinen Gesinnungsgenossen entgegentrat) zu retten versuchten, was zu retten war, verschwand Friedell im Wohnungsinneren, schloß hinter sich ab, lief ins Schlafzimmer, öffnete das Fenster und stürzte sich auf die Straße. Der Notarzt und Dr. Pollak, der eilends herbeigerufene Hausarzt, konnten nur noch den Tod bestätigen – obwohl Friedell »bis auf eine Schramme an der Schläfe äußerlich völlig unverletzt« geblieben war. Das Herz – so der Befund – habe noch während des Sturzes versagt.

Über die Verhältnisse in der Gentzgasse hat Friedells Sekretär ausführlich berichtet: »Er lebte jahrzehntelang in derselben Wohnung. Zuerst mit seiner Ziehmutter und mit seiner Haushälterin. Bis sich später, bei zunehmender Wohnungsnot, seine Behausung mit Kind und Kindeskindern dieser Haushälterin bevölkerte. Nicht seines Blutes und dennoch die Seinen – durch äußere Umstände der Zeit zugespielt –, standen sie ihm näher als die Verwandten. In drei gemütlich zerwohnten Räumen verbrachte er den Großteil seines Lebens. Stundenlang lag er in der Mitte des Balkonzimmers auf dem Diwan, umgeben von seinen vielen Büchern, und studierte und schrieb liegend. Auf seiner hohen massiven Gestalt trug er jahraus jahrein denselben derben Bademantel. Dazu rauchte er seine Studentenpfeife, von der er sich seit seiner Heidelberger Universitätszeit nicht mehr getrennt hatte. In seiner Wohnung gingen die Uhren auf die Sekunde genau, und er arbeitete nach einem festgelegten Stundenplan. Besuche machte er ausgesprochen ungern, noch seltener empfing er welche. Die Rangordnung seiner Freunde war an der wöchentlichen Besuchszahl abzulesen.«

Im Jänner 1938, zwei Monate vor seinem Tod, brachte er sie alle noch einmal zum Lachen – mit der folgenden gedruckten Danksagung:

»An alle Gratulanten.
Tieferschüttert, daß Sie meinen bescheidenen sechzigsten Geburtstag nicht vergessen haben, danke ich Ihnen von Herzen für Ihre mich so großmütig überschätzenden Zeilen. Von allen Glückwünschen hat mich der Ihrige am meisten gefreut.«

Als nach Friedells Tod die Gestapo seine Manuskripte beschlagnahmte, gelang es »Frau Hermine«, der Lebensgefährtin und Universalerbin, wenigstens einen der hinterlassenen Torsi zu retten: den noch unveröffentlichten und unvollendeten Griechenland-Band.

Eine schaurige Adresse, diese Gentzgasse Nr. 7. Vom Selbstmordfenster im dritten Stock geht der Blick hinunter auf einen mosaikverzierten Bildstock, dem man gute 250 Jahre Alter nachsagt. Früher, so berichten die alten Chroniken, war er von einem metallenen Kreuz gekrönt. Nur von seiner damaligen Bestimmung weiß man nichts mehr: von dem Unglück, das sich zu Beginn des 18. Jahrhunderts an dieser Stelle zugetragen haben mag. Es sollte nicht das einzige bleiben.

ALJA RACHMANOVA
HILDEBRANDGASSE 16

Milchfrau in Währing – »Der erste Tag in unserem Geschäft! Werde ich ihn jemals vergessen? Schon nach den ersten drei Stunden war ich beinahe verrückt; es kreiste mir alles nur so im Kopf herum: diese neuen Gesichter, die mich mit unverhohlener Neugier anstarrten, und vor allem diese vielen neuen Namen! Wie soll ich mir alle diese Gruber, Jiracek, Huber, Ondraschek, Meier, Zalodek merken? Und dann: Ich soll nicht vergessen, daß die Frau Novotny früh ein Kipfel, zur Jause ein Zuckerkipfel und zum Nachtmahl einen Patentwecken braucht, daß dem Herrn Chwatal ein Viertelliter Milch vorbereitet werden muß und der Frau Bacher drei Viertelliter, daß die Frau Suchomel Freitag abend einen ganz frischen Liptauer wünscht und so weiter und so weiter ...«

»Milchfrau in Ottakring« – einer der Bestseller der dreißiger Jahre. 1931 erscheint das Buch zum erstenmal, immer wieder erlebt es Neuauflagen, zuletzt 1979 – nun schon dem 100. Tausend nahe! – bei einer großen Buchgemeinschaft, dazu Übersetzungen in zwanzig Sprachen. Es ist der Schlußband einer Trilogie: »Studenten, Liebe, Tscheka und Tod« sowie »Ehen im roten Sturm« sind ihm vorausgegangen. Autorin der romanhaften Autobiographie – älteren Wienern unvergessen – ist eine gewisse Alja Rachmanova: eine russische Emigrantin, die, aus der bolschewistisch gewordenen Heimat ausgewiesen, in Österreich Zuflucht gefunden hat.

»Ehen im roten Sturm«:
Alja Rachmanova, verehelichte von Hoyer

Alja Rachmanova ist ihr Schriftstellerpseudonym. Die Arzttochter Alexandra Galina Djurjogina aus dem Ural, Jahrgang 1898, hat in ihrer Heimat Psychologie und Literaturgeschichte studiert und 1921 den in russischer Kriegsgefangenschaft festgehaltenen österreichischen Wissenschaftler Dr. Arnulf von Hoyer geheiratet. Im Dezember 1925 trifft die Familie, zu der auch noch ein Kleinkind namens Jurka gehört, in Wien ein. Eine erste Bleibe findet man im Hotel Laxenburg, dann wechselt man in eines der Barackenquartiere im sogenannten Negerdörfel über, die die »Gesellschaft für Notstandswohnungen« vor dem Ersten Weltkrieg für obdachlose Familien in Ottakring errichtet (und die Gemeinde Wien 1952 abgerissen) hat: in jenem Abschnitt der Gablenzgasse, wo sich seit 1956 der Franz-Novy-Hof befindet.

Das kommunistische Rußland liegt nun zwar glücklich hinter ihnen, aber auch der Neuanfang in Wien gestaltet sich schwierig: Dr. Hoyer findet keine Arbeit. In ihrer Verzweiflung beschließt seine junge Frau, ihre Familie mit einem kleinen Michladen durchzubringen, den sie mit gepumptem Geld erwirbt. Als Ausländerin im selber notleidenden Wien ein mehr als kühnes Beginnen: Alle sagen der Fremden eine baldige Pleite voraus; Demütigung, Entbehrung und Betrug gehören fortan zu ihrem Alltag. Doch sie steht es durch, ist von Februar 1926 bis Juli 1927 »Milchfrau in Ottakring«. Und noch ein übriges tut sie: Sie schreibt ihre Erfahrungen aus jenen Elendsjahren nieder und bringt sie als Buch heraus, auf russisch konzipiert, von ihrem Mann ins Deutsche übersetzt – ein menschliches Dokument ersten Ranges. Tagebuchaufzeichnungen, deren Authentizität diese zu einem Stück fesselnder Zeitgeschichte macht.

Weitere Bücher folgen, neben gleichfalls Autobiographischem auch ein Dostojewskij- und ein Tolstoj-Roman. Alja Rachmanova alias Alexandra Galina von Hoyer wird zur Erfolgsautorin. In Salzburg übernimmt sie eine Dozentur für Kinderpsychologie; nach dem Tod ihres einzigen Sohnes, der zu Ostern 1945 als Soldat der deutschen Wehrmacht bei Wiener Neustadt fällt, übersiedelt sie in die Schweiz, und dort, im Kanton Thurgau, verliert sich schließlich ihre Spur.

Aber auch in Wien tappen die Rachmanova-Fans und insbesondere jene unter ihnen, die hinter die Kulissen zu blikken und den originalen Milchladen von 1926/27 ausfindig zu machen versuchen, im dunkeln. Die Sache landet schließlich beim Ombudsmann einer großen Wiener Tageszeitung. Aber auch er, der Allwissende, kommt bei seiner

Reminiszenz an Alt-Ottakring: Aloisia Sedlaks Greißlerladen in der Gablenzgasse

Schauplatz-Suche nicht weiter. Also schaltet er das Bezirksmuseum Ottakring in seine literaturtopographischen Ermittlungen ein – in der richtigen Annahme, daß dort ein vehementes lokalpatriotisches Interesse daran bestehen müßte, den Realitätsgehalt eines Erfolgsbuches zu verifizieren, das den Namen des Bezirks in die Literatur des 20. Jahrhunderts eingeführt und europaweit bekanntgemacht hat.

Robert Medek, der Leiter des Museums, nimmt sich der Sache persönlich an und – hat Erfolg. In einem wahren Bravourakt literaturdetektivischer Kleinarbeit gelingt es ihm binnen weniger Tage, das Geheimnis der »Milchfrau in Ottakring« zu lüften. Er geht dabei systematisch vor: durchkämmt den Buchtext nach »verräterischen« Ortsangaben, wälzt alte Adreßbücher und Branchenverzeichnisse, prüft Einwohnermeldekarteien, grast auch die entlegensten Ekken Ottakrings ab, befragt Hausparteien und kommt schließlich – mit Hinweisen auf eine in nächster Nähe befindliche Tabaktrafik, eine Radiofabrik und ein Kino als Hauptindizien – zu einem überraschenden Ergebnis: Die Milchfrau in Ottakring war in Wahrheit eine Milchfrau in Währing! Ecke Hildebrandgasse/Schumanngasse befand sich der ominöse Laden (heute steht hier, da das alte Haus während des Zweiten Weltkriegs bombardiert worden ist, ein Neubau).

Man kann nur vermuten, wieso Alja Rachmanova, die sich bei ihren Schilderungen im allgemeinen sehr streng an die Realität gehalten hat, in diesem Punkt dichterische Freiheit hat walten lassen: Der Arbeiterbezirk Ottakring mag ihr als der adäquatere Hintergrund für ihr Elendsdrama erschienen sein als die stimmigere Kulisse. Auch Sprachliches könnte hineinspielen: »Milchfrau in Ottakring« klingt besser als »Milchfrau in Währing«.

Müssen die Ottakringer, solcherart um ihren berühmten Romanschauplatz gebracht, nun also den Kopf hängen lassen? Sie müssen nicht. Literaturdetektiv Robert Medek hat die Sache so gründlich erforscht, daß dabei sogar auch noch ein Trostpflaster für seinen Bezirk heraussprang: Alja Rachmanovas Notwohnung in ihrer ersten Wiener Zeit, also das Barackenquartier in der Gablenzgasse 116, grenzte an einen winzig kleinen Gemischtwarenladen, in dem sie mit hoher Wahrscheinlichkeit ihre täglichen Einkäufe getätigt hat, und es spricht alles dafür, daß sie in die Szenerie ihres Romans auch manche Züge dieses von einer gewissen Aloisia Sedlak betriebenen Geschäfts hat einfließen lassen, und so wendet sich für eingefleischte Lokalpatrioten schließlich doch noch alles zum Guten: Zumindest zur Hälfte ist die »Milchfrau in Ottakring« tatsächlich eine Ottakringerin.

KARL KRAUS
REINDORFGASSE 18

Zwischenspiel im Hinterhof – Die Reindorfgasse im 15. Bezirk, Mariahilfer und Sechshauser Straße miteinander verbindend, fällt durch keinerlei Besonderheiten auf. Geschäfte, Werkstätten, Mietwohnungen. Eines der wenigen Häuser, die sich, noch nicht vorstädtisch geduckt, eine gewisse Herrschaftlichkeit bewahrt (und auch die auf den nahen Westbahnhof zielenden Bombenangriffe des Zweiten Weltkrieges gut überstanden) haben, ist das Haus Nr. 18. Flurtür aus geschliffenem Glas, Portierwohnung mit »Gukkerl«, zwischen Hof und Haustor die schmalen Gleise eines Rollwagens: Hier ließ der Möbelhändler Samek aus den großen Lagerräumen im Keller und zur ebenen Erde seine Waren zum Weitertransport auf die Straße schaffen.

In einem der drei Hinterhöfe der Triebwerksraum des Lastenaufzugs, daneben der ehemalige Pferdestall samt Heuboden – Dr. Oskar Samek, der Sohn des Möbelhändlers, Hausbesitzer und Rechtsanwalt mit Wohnung und Kanzlei in der Beletage, war ein vermögender Mann. Frau Franziska Fritsch, die noch heute, inzwischen über neunzig, die Wohnung neben der seinen innehat, hat ihm seinerzeit den Haushalt besorgt, dreizehn Jahre lang. Bevor er 1938 nach Amerika emigrierte. Und sie legt Wert auf die Präzisierung, daß sie ausschließlich für die *Küche* da war. Für die Schmutzarbeit war eine separate Kraft engagiert: zum Gründlichmachen und Staubwischen.

Dem Staubwischen kam bei Dr. Samek besondere Bedeutung zu, und da ist nicht so sehr an die Aktenschränke in seiner Kanzlei zu denken als vielmehr an eine geheimnisvolle »Dependance« im Hinterhof. Der kleine Zubau, ehemals eine Tischlerwerkstätte von zirka 30 Quadratmeter Innenraum, steht heute leer, und niemand ahnt, welchen Schatz er in den wenigen Monaten zwischen dem Tod von Karl Kraus und dem Anschluß Österreichs an Hitler-Deutschland beherbergt hat: zwischen Sommer 1936 und Frühjahr 1938.

Werfen wir einen Blick auf Kraus' Testament. Nicht nur, daß dem unerbittlichen Kritiker der Psychoanalyse in dem ein Jahr vor seinem Tod abgefaßten Dokument ein paar kuriose Fehlleistungen unterlaufen (statt »niemand außer den Genannten« schreibt er »niemand der Genannten«, und an anderer Stelle verwechselt er sogar die Vokabeln »Leben« und »Tod«), versäumt er es auch, einen Erben zu nominieren. Nach den vier Semestern Jus, die er studiert hat, müßte er eigentlich wissen, daß diese Liste von Legaten gar kein Testament im strengen Sinne, sondern ein Kodizill ist. Dr. Oskar Samek, der langjährige Anwalt und Freund des Schriftstellers, muß also erst einmal einen aus dem Kreis der testamentarisch Bedachten dafür gewinnen, als Erbe zu fungieren. Doch keiner mag das Risiko eingehen: Ein wirklich stattliches Vermögen ist nicht ersichtlich, am Ende tauchen gar noch Schulden auf? Auch politische Bedenken spielen eine Rolle: Berthold Viertel beispielsweise verzichtet auf seinen Anteil, um sich nicht dem Verdacht auszusetzen, er sympathisiere wie Karl Kraus mit der Regierung Dollfuß.

In dieser Situation bleibt Samek nichts anderes übrig, als sich selber als nominellen Erben einzusetzen. Er läßt die Wohnung in der Lothringerstraße 6 (wo heute eine Gedenktafel jenes Fenster im Hochparterre bezeichnet, hinter dem sich von 1912 bis 1936 Kraus' Arbeitszimmer befunden hat) räumen; Dr. Hans Nüchtern, der literarische Direktor der RAVAG, wird sein Nachmieter. Samek könnte über das Karl-Kraus-Inventar auf diese oder jene Weise verfügen; das Normalste wäre wohl, all die Bücher und Bilder, all die Möbel und Gerätschaften an sicherem Ort zu deponieren, bis über ihr weiteres Schicksal entschieden ist. Doch pietätloses Stapeln und Verstauen widerstrebt ihm, und so hat er eine bessere Idee: In der ehemaligen Tischlerwerkstatt im Hof seines Hauses in der Reindorfgasse, die zufällig die gleichen Maße wie Karl Kraus' Arbeitszimmer auf der Wieden hat, läßt er dieses – getreu bis ins letzte Detail – neu aufstellen. Kraus-Verehrer, die er zu sich nach Fünfhaus bittet, trauen ihren Augen nicht, wenn Samek ihnen die Tür zur Hinterhofhütte aufsperrt: Alles ist am gewohnten Platz – Schreibtisch und Regal, Spiegel, Teppich und Couch, Kachelofen und Deckenlampe, die Schreibutensilien, die Photogalerie. Und obwohl der Raum fensterlos ist: sogar der Vorhang. Genau so hat seinerzeit Karl Kraus sein Studio eingerichtet, jede kleinste Veränderung von fremder Hand sich streng verbittend: »Ehe ich ein Buch aus meiner Bibliothek herborge, kaufe ich lieber ein neues.«

Die Herrlichkeit ist allerdings nicht von langer Dauer: Als 1938 die SA das Versteck aufspürt, wird die Hinterlassenschaft des nunmehr »verbotenen« Autors beschlagnahmt und verschwindet auf Nimmerwiedersehn. Wohnparteien aus der Reindorfgasse 18 wollen sich an Bücherstapel im Hausflur erinnern, wo sich, wer vorüberkam, nach Lust und Laune bediente. Wer sich heute vom häuslichen Ambiente des »Fackel«-Herausgebers und Autors des Dramas »Die letzten Tage der Menschheit« ein Bild machen will, ist also auf Photographien angewiesen. Und auf autobiographische Äußerungen (in den Sammelbänden »Die chinesische Mauer« und »Beim Wort genommen«). Dort kann man – beispielsweise in seinem »Lob der verkehrten Lebens-

»Die Dummheit schläft, da gehe ich an die Arbeit«:
Karl Kraus' Arbeitszimmer

weise« – nachlesen, wieso er die Nachtarbeit der Tagarbeit vorzog:

»Ich hatte die traurigen Folgen einer normalen Lebensweise, mit der ich es eine Zeitlang versuchte, nur zu bald an Leib und Geist zu spüren bekommen und beschloß, noch einmal, ehe es zu spät wäre, ein unvernünftiges Leben zu beginnen ... Auch ich brachte einmal das Kunststück zuwege, mit der Sonne aufzustehen und mit ihr schlafen zu gehen. Aber die unerträgliche Objektivität, mit der sie alle meine Mitbürger ohne Ansehen der Person bescheint, allen Mißwuchs und alle Häßlichkeit, entspricht nicht jedermanns Naturell ... Darum schlafe ich in den Tag hinein. Und wenn ich erwache, breite ich die ganze papierene Schande der Menschheit vor mir aus, um zu wissen, was ich versäumt habe, und bin glücklich. Die Dummheit steht zeitlich auf, darum haben die Ereignisse die Gewohnheit, vormittags zu geschehen. Dafür aber ist in der Nacht auf allen Gebieten öffentlicher Betätigung Ruhe. Nichts regt sich. Es gibt nichts Neues. Nur die Kehrichtwalze zieht wie das Symbol einer verkehrten Weltordnung durch die Straßen, damit der Staub verbreitet werde, den der Tag zurückgelassen hat, und wenn's regnet, so geht auch der Spritzwagen hinterher. Sonst ist Ruhe. Die Dummheit schläft, da gehe ich an die Arbeit ...«

Als nach dem Krieg der damalige Wiener Kulturstadtrat Viktor Matejka, der Karl-Kraus-Kenner Edwin Hartl und der Theaterkritiker Edwin Rollett eine Karl-Kraus-Gesellschaft gründeten, war es eine ihrer ersten Taten, das beim Bezirksgericht Wieden aufbewahrte Testament ausheben zu lassen und zu entziffern – es gehört seither zu den Kostbarkeiten der Wiener Stadtbibliothek, die jeder, der es mit der komplizierten Handschrift aufzunehmen wagt, einsehen kann. Im Hinterhof der Reindorfgasse 18 aber sind alle Erinnerungen an jenes zwar nur kurze, doch originelle Zwischenspiel posthumer Karl-Kraus-Verehrung ausgelöscht.

JOSSIF STALIN SCHÖNBRUNNER SCHLOSS-STRASSE 30

Staatsvertraglich geschützt – Der Staatsvertrag ist den Österreichern heilig: Als im Zuge der Entstalinisierung während der Ära Chruschtschow die sowjetischen Behörden beim österreichischen Außenamt auf Entfernung der Stalin-Gedenktafel am Haus Schönbrunner Schloßstraße 30 drangen, wurden sie unter Hinweis auf den Staatsvertrag abgewiesen. Eine von vielen Verpflichtungen, die die junge Republik in dem Abkommen eingegangen war, betraf Erhaltung und Pflege der diversen von der sowjetischen Besatzungsmacht »hinterlassenen« Hoheitszeichen. Prominentestes Beispiel: das zu Ehren der Roten Armee im Sommer 1945 auf dem Schwarzenbergplatz (der vorübergehend Stalinplatz hieß) enthüllte Befreiungsdenkmal. Mag sich die Popularität des nach den Plänen sowjetischer Architekten und Bildhauer von neun Wiener Betrieben und über 400 österreichischen Arbeitern im Stil des stalinistischen »Klassizismus« ausgeführten Monuments mit seiner Kolonnadeneinfassung und seinen Sowjet-Emblemen auch in Grenzen halten – die Instandhaltung der Anlage, von der »Provisorischen Österreichischen Staatsregierung« sogleich an die Gemeinde Wien delegiert, hat man stets sehr ernst genommen. Und so ließ man denn »russische Sturheit« walten, als die Sowjets in den späten fünfziger Jahren die Erinnerung an den plötzlich verpönten Stalin auch in Österreich ausgelöscht sehen wollten. Die zum 70. Geburtstag des Diktators am 21. Dezember 1949 an seinem ehemaligen Wiener Untermietquartier angebrachte Gedenktafel ist also noch immer am alten Platz – das Stalin-Relief neben dem Portal des Hauses Schönbrunner Schloßstraße 30, wenige Schritte vom alten Kaiserschloß entfernt, ist vermutlich das einzige Emblem seiner Art in der westlichen Welt.

Das stattliche Miethaus, wo Anfang 1913 der 33jährige Jossif Wissarionowitsch Dschugaschwili einige Wochen lang »auf Tür Nr. 7« (in der Emigrantenwohnung des Genossen Alexander Trojanowskij) Unterkunft fand, um in Wien seine Abhandlung »Der Marxismus und die nationale Frage« zu recherchieren und zu schreiben, beherbergt heute unter anderem eine Fremdenpension, und es ist eine Pikanterie unter vielen, daß unter den Nationalflaggen, die die Gästeschaft des Hauses begrüßen, die seines prominentesten Bewohners (fast möchte man sagen: natürlich) fehlt: Hammer und Sichel der Sowjetunion.

Die Angaben über die Dauer von Stalins Wien-Visite (seinem letzten Auslandsaufenthalt bis zur Konferenz von Teheran 1943, also für dreißig Jahre!) schwanken zwischen drei Wochen und zwei Monaten, auch ihr Verlauf ist nur unzulänglich dokumentiert. Wir wissen, daß Alexander Trojanowskij (der später Stalins erster Botschafter in Washington sein wird) und dessen Gattin Jelena Rosmirowitsch, vermutlich über Vermittlung Lenins, den Gast beherbergen; wir wissen, daß Nikolai Bucharin, der spätere Chefredakteur der »Prawda«, der zu dieser Zeit ebenfalls als Emigrant in Wien lebt, dem des Deutschen unkundigen Genossen bei der Beschaffung und Lektüre des Quellenmaterials zur Hand geht; wir wissen, daß Stalin seine Wiener Tätigkeit in einem in grammatikalisch abscheulichem Russisch abgefaßten Brief an einen der Freunde in Petersburg als »Quatsch« abtut (tatsächlich hat er nie wieder – und auch

»Der Marxismus und die nationale Frage«: Stalin in Wien

dieses eine Mal nur auf Drängen Lenins – eine rein theoretische Schrift verfaßt); und wir wissen vor allem, daß es in der Wohnung seiner Wiener Gastgeber zur ersten Begegnung Stalins mit dessen späterem Todfeind Trotzkij kommt (dem sofort die »bösen gelben Augen« des Georgiers auffallen).

Jänner 1913. Aus Jossif Dschugaschwili (dem »Sohn des Eisens«) ist gerade Jossif Stalin (der »Mann aus Stahl«) geworden. Sein in der Zeitschrift »Sozialdemokrat« abgedruckter Aufsatz »Die Wahlen in Petersburg« ist der erste, den er mit dem nach langem Hin und Her gewählten Pseudonym unterzeichnet. Lenin, der mit ihm in Krakau das Thema »Marxismus und nationale Frage« in großen Zügen durchgesprochen hat, schickt seinen Gehilfen nach Wien: Als gebürtiger Georgier und somit Mitglied einer kleineren Volksgruppe erscheint er ihm als der ideale Mann, am Hauptsitz des Austromarxismus zur Klärung der Frage beizutragen, welche Rolle in einer sozialistischen Republik nach dem Sturz des Zarenregimes den einzelnen ethnischen Einheiten zukommen solle. Stalin entledigt sich seines Auftrags, der von Lenin durchgesehene und verbesserte Text (Länge: 40 Druckseiten) erscheint ohne Verzug in der Zeitschrift »Prosweschtschenije« (»Aufklärung«), im Jahr darauf auch als eigene Broschüre. Da die Erstveröffentlichung für eine legale Zeitschrift bestimmt ist, wählt der Autor trotz aller revolutionären Tendenzen ein eher vorsichtiges Vokabular. An einem allerdings läßt Stalin keinen Zweifel: Die »Österreichische Schule« mit Otto Bauers föderativem Nationalitätenprogramm ist abzulehnen.

EGON SCHIELE
HIETZINGER HAUPTSTRASSE 101

Ganz in Schwarz – »Man sah sich um und fand sich, innerhalb eines kalkweißen Mauergevierts, von schwarzen Dingen umgeben: schwarzen Kasten, Tischen und Stühlen, schwarzen Vorhängen, schwarzen Seidendecken, schwarzen Polstern, schwarzen Lackdosen und schwarzen gläsernen Aschenschalen, schwarz gebundenen Büchern und schwarzen Vasen auf schwarzen Bordbrettern, schwarzen japanischen Schablonenschnitten in schwarzen Leistenrahmen, schwarzen Tür- und Fensterrahmen. Inmitten dieses Chors vieltönig abgestimmter Schwärzen stand in einem weißen kuttenartigen Malkittel der junge Künstler vor einer schwarzen Staffelei, auf der eine große gespannte Leinwand lehnte, und pinselte an einem Bild, in dem alle Farben des Spektrums in edelsteinhafter und blumiger Glut aus sich selbst heraus leuchteten.«

Arthur Roessler, sein Freund und Förderer, über Egon Schiele und dessen wichtigstes Wiener Atelier: Hietzinger Hauptstraße 101. Von 1912 bis zu seinem Tod im Oktober 1918 schuf er hier viele seiner Meisterwerke – zuletzt, als er für die größeren Bildformate auch noch ein sieben Meter hohes Zweit-Atelier (ebenfalls in Hietzing: Wattmanngasse 6) dazugemietet hatte, trug er sich mit dem Plan, an seinem »Hauptsitz« eine Malerschule zu eröffnen. Es kam nicht mehr dazu.

Auch ein anderer Plan – nun schon einer der Nachwelt – hat nicht realisiert werden können: aus dem Atelier in der

Hietzinger Hauptstraße eine Schiele-Gedenkstätte zu machen. Dennoch gibt es sie – als eigene Abteilung des Hietzinger Bezirksmuseums. Doch davon später.

Das Haus ist erhalten und in gutem Zustand: Jugendstil vom mehr gediegenen Typ, idyllisches Vorgärtchen, gepflegter Stiegenaufgang. Von der Straße her gut einsehbar: das große, nach oben abgerundete Atelierfenster mit den zwei Seitenluken, das Innere teilweise umgestaltet, bewohnt.

»Durchflossen von einem unerklärbaren, aber spürsamen feinen Hauch, in dem seelische und geistige Elemente schwangen« – so hat der Kunstschriftsteller Arthur Roessler im Pathos der Zeit die Atmosphäre in Schieles Arbeitsraum geschildert. Bis ins kleinste Utensil ist uns die Einrichtung vertraut: Da gab es exotische Schnitzarbeiten und afrikanischen Perlenschmuck, indianische Korbflechtereien und orientalische Gewebe, Biedermeier-Stickereien und alte Bauernkalender, auf Palmblätter geschriebene Sanskrit-Texte, Tanagra-Plastiken und griechische Tonvasen, siamesische Bronzen und persische Buchdeckel, byzantinische Motivbilder und russische Lackdosen, Gmundner Spanschachteln und Tiroler »Herrgöttle«, Kärntner Hinterglasmalereien und Mariazeller Eisengüsse.

Die alte Dame aus dem Haus, die mich die Stiege hinaufgeleitet, mag zu der Zeit, da Egon Schiele hier ein- und ausgegangen ist, ein Kind von ein paar Jahren gewesen sein. Ihre Sorgen sind vordergründig-praktischer Natur: »Wie mag er den riesengroßen Raum unterm Dach bloß geheizt haben?« Sie denkt dabei an jene Epidemie des Jahres 1918, die – neben so vielen anderen – Egon Schiele dahingerafft hat: die spanische Grippe. Im Haus gegenüber, auf Nr. 114, im ersten Stock. In der Wohnung seines Schwiegervaters, des Schlossermeisters Johann Harms. Nachts um eins. Drei Tage, nachdem er seine ihm 1915 angetraute Frau – Edith,

25 Jahre alt, schwanger – zur letzten Ruhe gebettet hatte. Fröstelnd kehrte er vom Friedhof heim, nun schüttelte ihn selber das tödliche Fieber.

Am Sterbehaus hat der Kulturverein Hietzing eine Gedenktafel angebracht, die zugleich auf das wichtigere Visavis hinweist: die Arbeitsstätte. Nebenan eine Gartenwirtschaft und eine Fremdenpension: Wer, von auswärts kommend, dem verehrten Genie nahe sein möchte, findet hier das adäquate Quartier.

Das Atelier in der Hietzinger Hauptstraße (Höhe Preindlgasse) bezog Schiele im Oktober 1912. Die Monate vorher (seine Inhaftierung im Bezirksgericht Neulengbach wegen »Entführung einer Minderjährigen, Sexualdelikt an einer Unmündigen und Zurschaustellung einer erotischen Zeichnung in einem Minderjährigen zugänglichen Raum« war gerade überstanden) hatte er bei der Mutter (in deren Wohnung in der Rosenhügelstraße) und in einem Atelier auf dem Alsergrund Unterschlupf gefunden. »Ich habe bis jetzt in allen Winkeln von Wien Ateliers gesucht«, schrieb er in einem Brief an einen seiner Freunde, »und alle sind seit drei Jahren so wahnsinnig teuer, daß ich sie nicht bezahlen möchte – unter 800 Kronen kein anständiges.«

Der Egon-Schiele-Bewunderer, der im heutigen Hietzing den Spuren seines Idols folgen will, findet vielerlei Bezugspunkte: Im ehemaligen »Ottakringer Bräu«, wo Egon und Edith Schiele regelmäßig das Nachtmahl einzunehmen pflegten, ebenso wie auf dem Friedhof von Ober-St. Veit, wo sich die imposante Grabstätte der beiden befindet, und im Bezirksmuseum am Hietzinger Platz (wo dem Besucher auf Verlangen eine sehr brauchbare Gratis-Broschüre zum Thema Schiele ausgehändigt wird) hat Kustos Harry Glöckner, von den Erben und Nachlaßverwaltern des Künstlers aufs großzügigste untersützt, eine Reihe von Faksimiles und Objekten, darunter eine seiner Staffeleien,

*Hietzinger Hauptstraße 101:
Unter dem Dach Schieles Atelier*

zu einer kleinen Schiele-Dokumentation vereinigt, die sich durchaus sehen lassen kann. Da findet sich eine Kinderzeichnung des Dreieinhalbjährigen neben einem Poesiealbumseintrag für den Bruder, Egon Schieles Testament vom Juli 1915 (»Der Vorrat von Zeichnungen und auch die Bilder von meiner Hand dürfen vor 1922 nicht verkauft werden«) neben den von seiner Schwägerin Adele Harms aufgezeichneten Letzten Worten (»Der Krieg ist aus, und ich muß gehn. Meine Gemälde sollen in allen Museen der Welt gezeigt werden. Meine Zeichnungen sollen zwischen euch und meinen Leuten geteilt werden«). Und schließlich, besonders erschütternd, sein letzter Brief an die »liebste Mutter Schiele«, datiert vom 27. Oktober 1918, vier Tage vor seinem eigenen, einen Tag vorm Tod seiner Frau:

»Edith erkrankte gestern vor acht Tagen an spanischer Grippe und bekam Lungenentzündung dazu. Auch ist sie im VI. Monat der Schwangerschaft. Die Krankheit ist äußerst schwer und lebensgefährlich – ich bereite mich bereits auf das Schlimmste vor ...«

ALBAN BERG
TRAUTTMANSDORFFGASSE 27

Strenge Satzung – Alban Bergs Arbeitszimmer in Hietzing, Trauttmansdorffgasse 27, kann nach telephonischer Rücksprache besichtigt werden. Ich rufe also an und mache mir mit der freundlichen Dame von der Alban-Berg-Stiftung einen Termin aus. Ein Freund, dem ich von meinem Unternehmen berichte, zeigt sich interessiert und schließt sich mir an. Wir stehen vor dem frischverputzten Miethaus mit der diskreten Gedenktafel und läuten; auf dem Klingelbrett steht nach wie vor »Berg« – so, als sei der Meister noch am Leben, nicht seit fünfzig Jahren tot. Die Kustodin, die uns einläßt, zeigt sich bei aller sonstigen Liebenswürdigkeit indigniert: Wieso man denn auf einmal zu zweit sei, das sei gegen die Abmachung. Wenn man in Begleitung erscheine, müsse auch sie Verstärkung anfordern, so schreibe es die Satzung der Alban-Berg-Stiftung vor.

Eine der vielen Wunderlichkeiten dieser Künstlergedenkstätte? Seitdem Kunstdiebe und Souvenirjäger vor nichts mehr zurückschrecken, wohl eine Notwendigkeit. Die Bibliothek mit den wertvollen Unikaten, dazu die Klimt-Originale, die Gerätschaften auf dem Schreibtisch – da heißt es sich vorsehen. Helene Berg, die Witwe des Komponisten der Opern »Wozzeck« und »Lulu«, hatte das Arbeitszimmer die vierzig Jahre, die sie ihren Mann überlebte, aus Pietät unangetastet gelassen – nun tut die von ihr ins Leben gerufene Stiftung desgleichen.

Immer noch also die rund sechzig Jahre alte tiefbraune

Tapete, die für totale Abgeschirmtheit von und nach außen sorgenden Eisglasfenster, der Bösendorfer, an dem Alban Berg komponiert und den die Witwe (freilich vor allem, weil er ihr, der den Banken Mißtrauenden, als Geldsafe gedient hat) beharrlich versperrt gehalten hat. Die am Schreibtisch montierte Bleistiftspitzmaschine mit Kurbelantrieb – wichtiges Utensil beim Niederschreiben der überdimensionalen Zwölftonreihen. Die seit Jahrzehnten kaum benützten Kohleöfen – Helene Berg lebte auch in Zeiten, da das Werk ihres Mannes reichlich Geld abwarf, so sparsam und bescheiden, daß Heizen nur in extrem kalten Wintern in Frage kam. Wo jeder andere nach einem Taxi rief, fuhr sie mit der Straßenbahn, das persönliche Gespräch zog sie dem Telephonat vor, und stand eine Kuratoriumssitzung ins Haus, so stellte sie sich selber, bis ins hohe Alter heroisch auf jegliches Personal verzichtend, in die Küche und schob den Kuchen ins Backrohr.

Längst sind die *Alban*-Berg-Anekdoten von den *Helene*-Berg-Anekdoten überwuchert – etwa jener von der Angewohnheit der Witwe, bei Tantiemenverhandlungen für einen Augenblick im Nebenraum zu verschwinden und dann von dort mit der endgültigen Forderung zurückzukehren: »Wieviel sagten Sie? Zehntausend? Ausgeschlossen. Ich habe mit Alban gesprochen. Er sagt: nicht unter fünfzig.«

An alles hat sie, bevor sie 1976 im gesegneten Alter von 91 Jahren starb, gedacht: die Kuratoriumsmitglieder zu äußerster Spesenaskese anzuhalten, den Rosenstrauch, der das Holzkreuz des Berg-Grabes auf dem Hietzinger Friedhof umrankt, vor gärtnerischem Zugriff zu schützen, bei der Abfassung des Testaments auch jene, die ihr in den bösen Hungerjahren der NS-Zeit (wo die Werke des Alban Berg als »entartet« verpönt waren) über die ärgste Not hinweggeholfen haben, mit Legaten zu bedenken. Der Heiligenkult, den sie um den geliebten Mann in Szene zu setzen entschlos-

Alban Bergs Bösendorfer in der Trauttmansdorffgasse

sen war (und der sie sogar mit einem ihrer glühendsten Verehrer, dem Alban-Berg-Kenner Franz Willnauer, in Konflikt brachte), spiegelt sich wohl am drastischsten in den Memorabilien, die sie gehütet (und die jüngst die Österreichische Nationalbibliothek, dankbarer Empfänger des gesamten schriftlichen Nachlasses, in einer wunderschönen

Ausstellung im Prunksaal hergezeigt) hat: Selbst ein Überbleibsel des Türschlosses von Alban Bergs Komponierhäuschen schien ihr aufbewahrungswürdig, und von dem Briefkuvert, dem sie das am Totenbett abgeschnittene Haarbüschel anvertraute, vermerkte der Ausstellungskatalog ausdrücklich, daß es »die Spuren ihrer Tränen« zeige. Auf dem Kärntner Sommersitz der Bergs, der Villa »Waldhaus« bei Velden, die, sorgfältig restauriert, heute für Musikseminare zur Verfügung steht, ist sogar noch das elegante Ford Cabriolet von 1930 zu bewundern, das Alban Berg chauffiert hat, und liebevoll-kundige Mechanikerhand hat dafür gesorgt, daß es noch immer fahrtüchtig ist. Rar sind hingegen Porträtphotos aus Helene Bergs späteren Lebensjahren: Die *Witwe* wollte nicht für die *Mutter* gehalten werden.

»Selbstlos und eigensüchtig zugleich; sich verleugnend angesichts des Größeren, den sie ein Stück weit begleiten durfte, und zugleich autoritär die Rituale seiner Verehrung regelnd; rührend darum besorgt, daß am Toten wiedergutgemacht wird, was am Lebenden versäumt worden ist, und zugleich aufreizend darauf beschränkt, dem Buchstaben seines Werkes Genüge zu tun, ohne den Geist des Werkes zu erspüren« – so hat Franz Willnauer Helene Berg beschrieben, diesen »Inbegriff der Künstlerwitwe« (deren Verlagsbesuche bei der Universal Edition gefürchtet waren!), und Erich Alban Berg, der Neffe und Biograph des Komponisten, der schon als Kind, vom Onkel im Klavierspiel unterwiesen, in der Trauttmansdorffgasse ein und aus ging, hat in seinen Büchern so manches köstliche Detail vom dortigen Lebensalltag zum besten gegeben – von der »sakralen Handlung« des Kaffeebrauens in der gläsernen Filtermaschine mit dem Spiritusflämmchen bis zum Ehestreit wegen der übermäßig vielen »Kaprizerln«, die Alban Berg, seines reichlichen Konsums von Haaröl wegen, verbrauchte und die er eines Abends, des ewigen Keppelns seiner Frau müde, kurzerhand durch den kokosfasernen Fußabstreifer von der Eingangstür ersetzte …

Dies alles kann der Besucher an Ort und Stelle – Trauttmansdorffgasse 27, Hochparterre links – nachvollziehen: die Mahlzeiten, die man in der Veranda (heute das Büro der Alban-Berg-Stiftung) eingenommen hat, den Blick auf den Garten (wo heute eine Alban-Berg-Büste der Phantasie nachhilft), die Spekulationen um Helene Bergs Mutter Anna Nahowski, die dem jungen Paar nach dessen Heirat im Jahr 1911 dieses Domizil eingerichtet und ihren inzwischen publizierten Tagebüchern das große Geheimnis anvertraut hat, welcher Art die Beziehungen gewesen sind, in denen sie, die Tochter des Hoflieferanten für Korbwaren, in jungen Jahren zu Seiner Majestät Kaiser Franz Joseph I. gestanden ist …

HUGO VON HOFMANNSTHAL
KETZERGASSE 471

Das Fremdenbuch – »Das Schönste ist, daß wir ein unglaubliches kleines Haus auf dem Land gefunden haben, zwanzig Minuten Eisenbahn von Wien, in dem wir Sommer und Winter wohnen werden. Es ist zur Zeit der Kaiserin Maria Theresia von einem Fürsten Trautsohn, der ein Schwarzkünstler gewesen sein soll, für seine Geliebte gebaut worden. Es ist nicht größer als ein Bauernhaus, hat ein wunderschön geformtes altes Schindeldach, einen großen grünen Salon mit bemalten Wänden und einen tiefen, in den schwarzen Felsen gewölbten Keller. Der Garten, voller alter Obstbäume, geht steil den Berg hinauf, oben tritt man durch ein kleines Gartenpförtchen auf einen gepflasterten freien Platz, auf dem Gras wächst; dort steht eine ganz kleine Kirche. Der Ort heißt Rodaun.«

Hugo von Hofmannsthal in einem Brief an seinen Freund Eberhard von Bodenhausen im Frühjahr 1901, kurz vor der Hochzeit des Dichters mit der Wiener Bankierstochter Gertrud Schlesinger. Im Sommer zieht das junge Paar im ehemaligen Fuchs-Schlössel ein – heute würde die Adresse Wien XXIII., Ketzergasse 471, lauten. Der Dichter bleibt hier bis zu seinem Tod im Sommer 1929, und in Rodaun kommen auch die drei Kinder zur Welt: Christiane, Franz und Raimund. Das Gästebuch aus den 28 Jahren, da der prachtvolle Besitz im Süden Wiens Hugo von Hofmannsthals Lebensmitte bildet, liest sich wie das Register zu einer europäischen Kulturgeschichte des frühen 20. Jahrhunderts. Rudolf Alexander Schröder und Rudolf Borchardt sind die ersten Besucher. Schröder zeichnet die Titelseite (und widmet dem Anwesen Jahre später seine Elegie »Der Landbau«). Stefan Georges Initialen folgt mit Respektabstand die Unterschrift seines jugendlichen Begleiters Friedrich Gundolf. Arthur Schnitzler und Rudolf Kassner, Harry Graf Kessler und Max Mell verkehren bei Hofmannsthals ebenso wie Carl J. Burckhardt, Leopold von Andrian und Grete Wiesenthal; auch die Namen Franz Werfel, Stefan Zweig, Felix Braun, Gerhart Hauptmann und Thomas Mann finden sich im »Fremdenbuch«. Weiters: Hermann Bahr, Felix Salten, Richard Beer-Hofmann, Jakob Wassermann, Graf Keyserling, Helene von Nostitz und Alexander von Zemlinsky. Alle anderen an Größe des Namenszuges drastisch übertreffend: Alma Mahler-Werfel.

Der heutige Eigentümer des seit 1794 in Familienbesitz befindlichen Anwesens, Baron Czedik-Eysenberg, schätzt sich glücklich, dem Hofmannsthal-Herausgeber Rudolf Hirsch eine Xerokopie des einzigartigen Dokuments entlockt zu haben (das erstaunlicherweise bis heute nicht Gegenstand einer eigenen Faksimile-Veröffentlichung geworden ist). Darin zu blättern, geheimnisvolle Zeichen zu entschlüsseln, graphologische Exkurse anzustellen, von Knappheit oder Beredsamkeit der Eintragung auf das Temperament des Besuchers zu schließen und überhaupt von all den vielen illustren Namen seine Phantasie anregen zu lassen, zählt zu den schönsten und gewinnbringendsten Freizeitbeschäftigungen des Industriechemikers, dem kein Opfer zu groß ist, auch das Haus als solches in seiner historischen Substanz zu erhalten.

Hier hat Hofmannsthal die Prosafassung des »Jedermann«, hier hat er »Elektra«, »Ödipus und die Sphinx«, »Das gerettete Venedig«, »Das große Welttheater« und

Hugo von Hofmannsthal
mit seiner Tochter Christiane in Rodaun

»Der Turm« geschrieben; hier haben die entscheidenden Begegnungen mit Richard Strauss und Max Reinhardt stattgefunden, die zukunftweisende Gespräche über das geistige Konzept der Salzburger Festspiele. Herta Staub hat nicht zu hoch gegriffen, als sie das »Rodauner Haus« in ihrer gleichnamigen Studie einen »Sammelpunkt des geistigen Europas« jener Epoche genannt hat, und Reinhold Schneider meint in den »von Vergangenheiten überfüllten Räumen« das »Spectrum Austriae« wahrgenommen zu haben.

Im Kriegssommer 1916 ist Rilke in Rodaun – in seiner Begleitung die Malerin Lou Albert-Lasard, der er Modell sitzen soll. Hofmannsthal stellt den Gästen den reizenden kleinen Pavillon zur Verfügung, der, in einem verwunschenen Garten auf der anderen Straßenseite, ebenfalls zum Fuchs-Schlössel gehört. Auch die Brokatstoffe, aus denen die Künstlerin das für den Bildhintergrund Passende aussucht, stammen aus dem Besitz der Gastgeber. Rilke in einem Brief an die Fürstin Thurn und Taxis: »Gleich am ersten Tag brachte Gerty Hofmannsthal alle zur Auswahl, und nun sitz ich vor zwei wunderbaren Gelb und dem lila Bauernzeug: Schwer, hinter solchem Hintergrund nicht zurückzubleiben.«

Weniger ehrfurchtsvoll Frau Albert-Lasard: »Hofmannsthal hatte einen sehr entwickelten ästhetischen Sinn und in seinem Hause sehr alte, seltene Möbel und Gegenstände. Es war ein kleines Museum, das er mit etwas übertriebener Sorgfalt umgab. In einem Raum befand sich ein Teil der Möbel, der besonders alt und zerbrechlich war, wie im Museum durch ein Seil abgetrennt. Rilke hatte es nicht bemerkt und sich einfach auf einen der also behüteten Stühle gesetzt. Frau von Hofmannsthal hob die Hände zum Himmel und schrie: ›Er hat sich gesetzt, Rilke, was für ein Malheur; zum Glück ist er nicht schwer!‹«

Wie es in Rodaun zugegangen ist, hat niemand authentischer geschildert als Christiane Zimmer, das älteste und zuletzt verstorbene der Hofmannsthal-Kinder (die 1902 Geborene residierte abwechselnd in München und New York). Da sind die väterlichen Vorlesungen – aber nicht etwa eigene Texte, sondern Grillparzer und die Odyssee. Sodann die strengen »Ruhebestimmungen«, wenn »Papa« am Schreiben war: von der Unterdrückung geschwisterlichen Raufhandels bis zu vorsorglichem Abfangen unangenehmer Poststücke.

Oder sein erklärter Unwille, mit den Gästen immerfort über »Dichterisches« zu sprechen – etwa mit jenem befreundeten Bankdirektor, dessen Goethe-Tick Hofmannsthal so enervierte, daß er darüber bei Tisch seine Gabel verbog: »Papa sprach mit seinen Gästen viel lieber über *deren* Berufe, er bereitete sich regelrecht darauf vor. Gerade die einfachen Leute interessierten ihn am meisten: der Kohlenmann, der Bettler, die Bäuerin.«

Die Fuchs-Villa, 1724 als Jagdschlößchen erbaut, von Kaiserin Maria Theresia als Alterssitz für die Gräfin Maria Karoline Fuchs, Obersthofmeisterin und Erzieherin ihrer Kinder, erworben, von deren Töchtern an die Vorfahren des heutigen Besitzers weiterveräußert und von dessen Urgroßmutter, Malvina von Pollanetz, an Hugo von Hofmannsthal (mit der Auflage, Haus und Garten instand zu halten) zu äußerst niedrigem Zins vermietet (von dem 1921 auch grundbücherlich verankerten Vorkaufsrecht kann der keineswegs in Geld Schwimmende nicht Gebrauch machen), ist zwar als Hort der Geselligkeit in die Literaturgeschichte eingegangen, aber Tochter Christiane weiß nur zu gut, wieviel Überwindung dabei auch im Spiel war. »Ich fürchte, wir müssen die X. und die Y. wieder einmal hereinlassen!« lautete eines der geflügelten Worte im Hause. Auch geht es bei Hofmannsthals, wie's zum Stil der aristokratischen Häuser im alten Österreich gehört, durchaus nicht üppig zu: Ein Frühstücksei bekommt nur Papa, auch am Tischwein darf nur er nippen. Die erste Zeit gibt's noch Petroleumlicht, und das Heizen der Kachelöfen ist eine Plage. Man hat zwar schon Telephon, aber das Fräulein vom Amt, das zu jener Zeit noch die Verbindungen herstellt, hat nur bis 5 Uhr nachmittags Dienst – da heißt es beizeiten seine Verabredungen treffen. Eine wichtige Rolle kommt – vor allem, wenn Besuch ins Haus steht – den gemeinsamen Rodauner Spaziergängen zu: Schon beim Frühstück werden die entsprechenden Arrangements getroffen, und kommt es zu unerwünschten Begegnungen der einzelnen Gruppen, so schlägt man, sowie man einander ansichtig wird, eilends die

Gegenrichtung ein, damit nur ja keiner den andern in seiner Unterhaltung stört. Verabredungen zu gemeinsamen Radpartien werden brieflich festgehalten und gehen somit in die Literatur ein.

1929 stirbt Hofmannsthal (und wird auf dem nahen Kalksburger Friedhof beigesetzt), 1937 geht die Witwe nach England ins Exil. Einige Zeit steht das Haus leer, nach dem Anschluß nehmen darin vorübergehend deutsche Offiziere, die der Flakkaserne auf dem Mauerer Georgsberg zugeteilt sind, Quartier, während des Krieges zieht die Schriftstellerin und Malerin Maria Grengg als Mieterin ein. Verhandlungen mit dem Unterrichtsministerium, nach Frau Grenggs Tod (1963) im Fuchs-Schlössel eine Hofmannsthal-Gedenkstätte zu installieren, führen nicht zum Erfolg; der Hausbesitzer muß, vom Denkmalschutzamt nur ideell unterstützt, Erhaltung und Restaurierung des kostbaren Hauses mit dem Stiegenaufgang à la Fischer von Erlach, dem von Alfred Roller entworfenen Windfang, den Fresken, den Stuckdecken und dem original barocken Dachstuhl (aus gehackten, nicht gesägten Balken!) aus eigenem betreiben. Als Neumieter zieht nun ein deutscher Stahlhändler ein, der Hausbesitzer begnügt sich mit dem »Stöckl« genannten Seitentrakt.

Seit dem Tod des jüngeren Hofmannsthal-Sohnes Raimund im Jahr 1974 (sein Bruder Franz hat sich 1929, 48 Stunden vorm Sterbetag des Vaters, in einem Anfall von Verzweiflung das Leben genommen) sind Hofmannsthal-Visiten in Rodaun selten geworden. Raimund hatte noch bei einem seiner letzten Besuche einen rührenden Fund gemacht: die mit Mutters Diamantring in eine der Fensterscheiben eingeritzten Initialen des Brüderpaares. Und Arabella, eines seiner vier (durchwegs nach Hofmannsthal-Figuren benannten) Kinder, hat, als das Fernsehen an Ort und Stelle eine Gedenksendung drehte, auf der Gartenstiege

Hofmannsthal-Texte deklamiert. Sollte sie demnächst wiederkehren, so wird sie auch in dem berühmten Salettl am Berghang, in das sich der Dichter so gern zum Schreiben zurückgezogen hat, ihres Großvaters gedenken können: Der von Rodauner Lausbuben verwüstete Hochsitz steht auf der Liste des noch zu Restaurierenden obenan.

NAMENVERZEICHNIS

Albert-Lasard, Lou 210
Alt, Rudolf von 112-116
Altenberg, Peter 29-34, 40
Altmann-Loos, Elsie 39, 41
Auer, Max 80

Bachmann, Ingeborg 74-77
Becher, Ulrich 35f.
Beethoven, Ludwig van 18, 52, 87, 89, 113, 133ff.
Berg, Alban 203-207
Berg, Helene 203f., 206
Bergner, Elisabeth 165
Bernays, Martha 169
Bernt, Philomena 103
Birkmayer, Walter 134
Blauensteiner, Elly 123
Blauensteiner, Franz 123, 125
Boeckl, Herbert 38
Braun, Felix 118
Bruckner, Anton 78-82
Bucharin, Nikolaj 195

Csokor, Franz Theodor 132, 179ff.

Demelius, Ottilie 120
Dieman, Kurt 181
Dietrich, Marlene 150
Doderer, Heimito von 122-125, 146

Ehrenhaft, Felix 163ff.
Ehrenhaft, Olga 164
Eichendorff, Joseph von 25-28
Einstein, Albert 163-167
Einstein, Elsa 164
Engelmann, Paul 68f.
Enghaus, Christine 138

Felzmann, Fritz 172
Fernkorn, Anton Dominik 84
Ferstel, Max von 97
Fließ, Wilhelm 162
Forst, Willi 150
Franz Joseph I. 47, 51, 83f., 207
Freud, Anna 158
Freud, Sigmund 158-162, 168
Friedell, Egon 179-183
Fritsch, Franziska 189
Fuchs, Ernst 126
Fuchs, Maria Karoline 212

Glöckner, Harry 200
Gluck, Christoph Willibald 89
Goethe, Alma von 16
Goethe, August von 15
Goethe, Johann Wolfgang von 15, 18, 120f.
Goethe, Ottilie von 12, 15-19
Goethe, Walther von 15f.
Goethe, Wolf von 16
Goldman, Leopold 173, 176
Görgen, Bruno 169
Grafenauer, Josef 172

Grengg, Maria 58, 213
Grillparzer, Franz 28, 34, 48-51, 64, 92
Gütersloh, Albert Paris 122

Hartl, Edwin 193
Hebbel, Friedrich 136-140
Heer, Friedrich 38
Heller, Richard 78, 80
Herbeck, Johann 82
Herzmanovsky-Orlando, Fritz von 12, 96-101
Hevesi, Ludwig 112f.
Hofmannsthal, Gerty von 211
Hofmannsthal, Hugo von 208-214
Horinka, Stefan 21
Horowitz, Michael 124
Hoyer, Arnulf von 185f.

Kachelmayer, Katharina 78, 81
Kafka, Franz 34
Keller, Fritz 98
Kisch, Egon Erwin 24
Klimt, Gustav 110
Kokoschka, Oskar 173-178
Koller-Andorf, Ida 137
Kolm, Anton 47
Kolowrat, Alexander (Sascha) 12, 146-150
Kornhäusel, Josef 53
Kraus, Karl 12, 132, 189-193
Krebs, Hedwig 64
Kubin, Alfred 97f., 100

Lecher, Berta 33
Lenau, Nikolaus 168-172
Lenin, Wladimir Iljitsch 195f.
Lernet-Holenia, Alexander 58
Ligne, Charles de 17
Loos, Adolf 39-42, 173, 176
Lortzing, Albert 87-91
Lortzing, Rosina 88, 90
Löwenthal, Sophie von 170
Lumière, August 43-47
Lumière, Louis 43-47

Mahler-Werfel, Alma 173f., 209
Makart, Hans 83-86
Mantler, Wilhelm 136
Matejka, Viktor 193
Medek, Robert 187f.
Meyer, Maria 103
Meyrink, Gustav 103-106
Mindszenty, József 141-145
Moser, Kolo 110
Musil, Robert 37
Muhr, Adelbert 26

Nahowski, Anna 207

Pirchan, Emil 85
Pokorny, Franz 88
Polgar, Alfred 179

Rachmanova, Alja 184-188
Redl, Alfred 20-24
Reichenbach, Carl von 153-157
Reinhardt, Max 210
Rilke, Rainer Maria 211
Roedl, Urban 55
Roessler, Arthur 198f.
Roller, Alfred 213
Rollett, Edwin 193
Rosei, Peter 72
Rosenbach, Gustav 117

Samek, Oskar 189ff.
Schleyer, Martin 127
Schloß, Albert 97
Schneider, Reinhold 12, 56-60, 210
Schober, Franz von 92f.
Schrötter, Leopold von 78
Schubert, Ferdinand 92f.
Schubert, Franz 92-95
Schweitzer, Albert 130
Schiele, Edith 200, 202
Schiele, Egon 198-202
Sechter, Simon 93
Seligmann, Romeo 16f.
Sladek, Josef 21, 23
Sobol, Joshua 133
Stalin, Jossif 194-197
Staub, Herta 210
Sterling, Charles James 15f.
Stifter, Adalbert 28, 52-55
Strohofer, Hans 111
Stonborough, Margarete 68
Strauss, Richard 210
Sturmlechner, Alois 110
Swoboda, Hermann 135
Széchényi, István 168

Torberg, Friedrich 98
Trakl, Georg 174f.
Trebitsch, Siegfried 118
Trojanowskij, Alexander 195
Trotzkij, Lev 196

Wagner, Louise 109
Wagner, Otto 107-111
Weinheber, Josef 63-67
Weininger, Otto 12, 131-135
Wiegeler, Paul 50
Willnauer, Franz 205f.
Wittgenstein, Hermine 70f.
Wittgenstein, Ludwig 68-73
Wotruba, Fritz 35-38
Wotruba, Marian 35-38

Zamenhof, Lazar Ludvik 126-130
Zeemann, Dorothea 180f.
Zeitlinger, Josef 148
Zemanek, Heinz 166
Ziegler, Kosmas 97
Ziehrer, Carl Michael 105
Zilbernick, Alexander 129
Zimmer, Christiane 211
Ziolkowska, Maria 127
Zuckerkandl, Berta 179
Zuckmayer, Carl 12
Zweig, Stefan 11, 117-121
Zwicker, Heinrich 146, 150

Zu dieser Ausgabe

insel taschenbuch 1203
Wiener Adressen
Ein kulturhistorischer Wegweiser
von Dietmar Grieser

Der Text folgt der Ausgabe: Dietmar Grieser, Alte Häuser – Große Namen. Ein Wien-Buch. Verlag Niederösterreichisches Pressehaus St. Pölten-Wien [4]1988. Die insel taschenbuch-Ausgabe, die mit freundlicher Genehmigung des Verlags Niederösterreichisches Pressehaus als Lizenzausgabe vorgelegt wird, erscheint unter dem Titel: Wiener Adressen. Ein kulturhistorischer Wegweiser von Dietmar Grieser.
Bildnachweis: Chorherrenstift St. Florian: S. 79 – Esperanto-Museum, Wien: S. 128 – Sigmund-Freud-Museum, Wien: S. 160 – Dietmar Grieser, Wien: S. 17, 27, 37, 45, 65, 71, 75, 99, 105, 129, 185, 210 – Historisches Museum der Stadt Wien: Umschlag, S. 32, 40, 114, 192, 205 – Johann Kräftner, Wien: S. 201 – Landesbildstelle, Wien: S. 187 – Österreichische Nationalbibliothek (Bildarchiv): S. 23, 44, 50, 85, 94, 104, 133, 165, 177 – Shih, Wien: S. 54, 59, 69, 76, 89, 119, 124, 143, 161, 171, 181 – Technisches Museum, Wien: S. 154 – Votava, Wien: S. 139, 175 – Otto-Wagner-Archiv, Wien: S. 109 – Heinrich Zwicker, Wien: S. 147, 149.

Anthologien
im insel taschenbuch

Alt-Prager Geschichten. Gesammelt von Peter Demetz. Mit Illustrationen von Hugo Steiner-Prag. it 613

Alt-Wiener Geschichten. Gesammelt von Joseph Peter Strelka. Mit sechs farbigen Abbildungen. it 784

An den Mond. Ausgewählt von Elisabeth Borchers. it 956

Anthologie der erotischen Literatur aller Zeiten und Völker. 2 Bde. in Kassette. Mit einer Einleitung von Franz Blei. Herausgegeben von Karl Riha. it 1141

Arm und reich. Geschichten und Gedichte. Ausgewählt von Ralf Borchers. it 1031

Bäume. Das Insel-Buch der Bäume. Gedichte und Prosa. Ausgewählt und herausgegeben von Gottfried Honnefelder. Mit sechzehn Farbtafeln. it 1041

Ludwig Bechstein: Hexengeschichten. Mit farbigen Illustrationen von Monika Wurmdobler. it 865

Berlin im Gedicht. Herausgegeben von Barbara und Walter Laufenberg. it 851

Besuch bei Toten. Ein imaginärer Friedhof angelegt von Peter Maigler. it 871

Blätter aus Prevorst. Eine Auswahl von Berichten über Magnetismus, Hellsehen, Geistererscheinungen aus dem Kreise Justinus Kerners. Herausgegeben von Hermann Hesse. it 1019

Briefe an den Vater. Zeugnisse aus drei Jahrhunderten. Ausgewählt von Jens Haustein. it 1045

Das Brunnenbuch. Gedichte und Prosa. Herausgegeben von Hans-Joachim Simm. it 933

Das Buch der Liebe. Gedichte und Lieder ausgewählt von Elisabeth Borchers. it 82

Capri. Ein Lesebuch. Hans Bender und Hans Georg Schwark. it 1077

Deutsche Criminalgeschichten. Von Schiller, Goethe, Kleist, E. T. A. Hoffmann und anderen. Mit einem Nachwort von Volker Ladenthin. it 773

Deutsche Denker über China. Herausgegeben von Adrian Hsia. it 852

Einladung zum Essen. Ein Buch für Gäste. Vorgelegt von Claudia Schmölders. it 1161

Die Eisenbahn. Gedichte. Prosa. Bilder. Herausgegeben von Wolfgang Minaty. it 676

Ermutigungen. Das Insel-Buch der Tröstungen. Gedichte und Prosa. Ausgewählt von Rainer Malkowski. it 1053

Faust-Parodien. Eine Auswahl satirischer Kontrafakturen. Herausgegeben von Karl Riha. it 1147

163/1/7.88

Anthologien
im insel taschenbuch

Feiern und Feste. Ein Lesebuch. Herausgegeben von Hans-Joachim Simm. it 738

Das Ferienbuch. Literarische Souvenirs, aufgelesen von Vera Pagin und Hans-Joachim Simm. it 1082

Flucht und Exil. Geschichten und Berichte aus zwei Jahrhunderten. Herausgegeben von Joseph Peter Strelka. it 1070

Das Fohlen und andere Tiergeschichten. Mit Illustrationen von Josef Hegenbarth. it 993

Frauenbriefe der Romantik. Herausgegeben und mit einem Nachwort von Katja Behrens. Mit zeitgenössischen Porträts. it 545

Das Frühlingsbuch. Gedichte und Prosa. Herausgegeben von Hans Bender und Nikolaus Wolters. it 914

Geschichten vom Buch. Eine Sammlung von Klaus Schöffling. it 722

Der Golem. Geschichten um eine Legende. Herausgegeben von Franz-Heinrich Hackel. it 1036

Griechisches Lesebuch. Herausgegeben von Hellmuth Flashar. it 995

Bret Harte: Goldgräbergeschichten. Aus dem Amerikanischen von Wilhelm Lange. Mit zeitgenössischen Fotografien. it 803

Heidelberg-Lesebuch. Stadt-Bilder von 1800 bis heute. Herausgegeben von Michael Buselmeier. it 913

Das Herbstbuch. Gedichte und Prosa. Herausgegeben von Hans Bender. it 657

Das Hundebuch. Geschichten und Gedichte von Hunden und ihren Herren. Gesammelt von Gottfried Honnefelder. it 785

Jugend. Eine literarische Spurensuche. Herausgegeben von Gottfried Honnefelder. Mit farbigen Abbildungen. it 1129

Gerhard Kaiser: Augenblicke deutscher Lyrik. Von Martin Luther bis Paul Celan. it 978

Das Kalte Herz. Und andere Texte der Romantik. Mit einem Essay von Manfred Frank. it 330

Das Katzenbuch. Von Katzen und ihren Freunden. Geschichten, Gedichte, Bilder. Gesammelt von Hans Bender und Hans Georg Schwark. it 567

Kennst du das Land, wo die Zitronen blühn. Italien im deutschen Gedicht. Herausgegeben von Peter Hamm. it 927

Lesebuch der Jahrhundertwende. Prosa aus den Jahren 1889 bis 1908. Ausgewählt von Klaus Schöffling. it 997

Liebe Mutter. Eine Sammlung von Elisabeth Borchers. it 230

Lieber Vater. Eine Sammlung von Gottfried Honnefelder. it 231

Liebe und Tod in Wien. Geschichten aus einer Stadt. Herausgegeben von Jean Gyory. it 815

163/2/7.88

Anthologien
im insel taschenbuch

Liebesgeschichten. Ausgewählt von Elisabeth Borchers. it 789

Loreley. Gedichte, Prosa, Bilder. Ein Lesebuch von Wolfgang Minaty. Mit zahlreichen Abbildungen. it 1065

Der neue Pitaval. Eine Sammlung der interessantesten Kriminalgeschichten. Herausgegeben von Julius Eduard Hitzig und Wilhelm Häring. it 819

Friedrich Nietzsche: »Wie man wird, was man ist.« Ermutigungen zum kritischen Denken. Herausgegeben von Ursula Michels-Wenz. it 1096

Das Poesiealbum. Verse zum Auf- und Abschreiben. Mit Bildern und Vignetten. Ausgewählt und zusammengestellt von Elisabeth Borchers. it 414

Poetische Grabschriften. Mit zehn Radierungen von Christoph Meckel. Herausgegeben von Wulf Segebrecht. it 951

Der Rhein. Seine poetische Geschichte in Texten und Bildern. Herausgegeben von Helmut J. Schneider. it 624

Römisches Lesebuch. Herausgegeben von Manfred Fuhrmann. it 996

Schwestern berühmter Männer. Zwölf biographische Porträts. Herausgegeben von Luise F. Pusch. Redaktionelle Mitarbeit: Jutta Wasels. it 796

Das Sommerbuch. Gedichte und Prosa. Herausgegeben von Hans Bender. it 847

Spuk- und Hexengeschichten. Aus dem »Rheinischen Antiquarius« herausgegeben von Hermann Hesse. it 908

Über die Liebe. Gedichte und Interpretationen aus der ›Frankfurter Anthologie‹ Herausgegeben von Marcel Reich-Ranicki. it 794

Der versiegelte Engel. Erzählungen zu Ikonen. Mit farbigen Abbildungen. Ausgewählt und mit einem Nachwort versehen von Angela Martini-Wonde. it 1132

Vom Abschied. Eine Gedichtsammlung. Herausgegeben von Margot Litten. Originalausgabe. it 694

Vom Tod. Ein Lesebuch für Jedermann. Herausgegeben von Werner Koch. it 1037

Weihnachten. Erzählungen aus alter und neuer Zeit. Ausgewählt von Gottfried Natalis. it 946

Das Weihnachtsbuch. Mit alten und neuen Geschichten, Gedichten und Liedern. Ausgewählt von Elisabeth Borchers. it 46

Das Weihnachtsbuch der Lieder. Mit alten und neuen Liedern zum Singen und Spielen. Ausgewählt von Gottfried Natalis. Mit einem Nachwort von Ernst Klusen. it 157

163/3/7.88

Anthologien
im insel taschenbuch

Das Winterbuch. Gedichte und Prosa. Herausgegeben von Hans Bender und Hans Georg Schwark. it 728

163/4/7.88